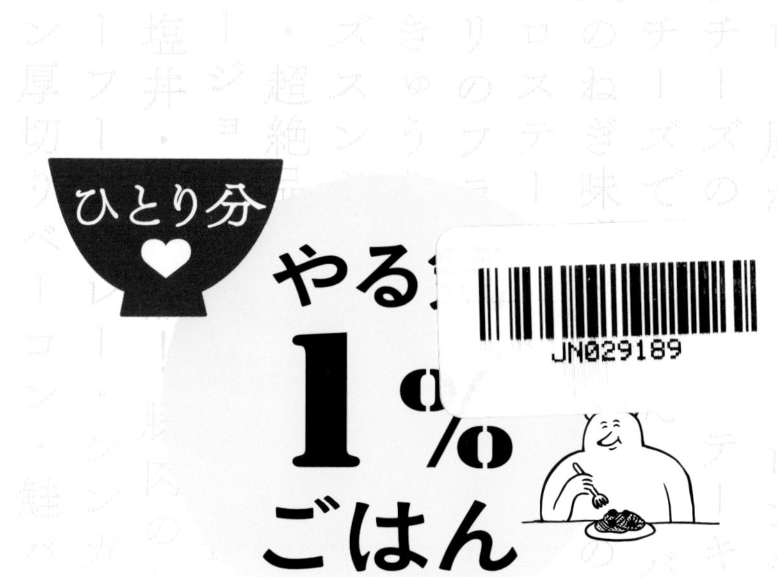

やる気1%ごはん

美味しいおかずがちゃちゃっと作れる

しあわせレシピ500

ハマごはん

KADOKAWA

Motivation is 1%

＼＼ 自由で楽しい・ラク自炊！ ／／

ひとりごはんの極意

「麺つゆペペロンチーノ」（P22）

ラク1
買い物

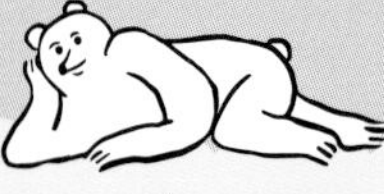

素材は少なく！

使う食材数は限りなく少ないので、
洗う、皮をむく、切るなどの
下ごしらえの手間を省略！

ラク2
時短

切らない焼かない！

火の通りが早いひらひら肉や
加熱いらずで使える刺身や缶詰、
切らずに使える食材を積極的に使用！

「バター豚バラカレー」（P20）

ラク3
節約

かさまし & 長持ち!

鶏むねや豚こまなどのお値打ち食材、
豆腐や卵などのかさまし食材を多用!
食材数も絞ってお財布にやさしく。

お値打ち食材で
節約!

かさまし食材で
満足感!

「鶏むね肉のホワイトシチュー」(P31)

レンジや炊飯器が
強い味方!

ラク4
調理

スイッチ1つ!

レンジや炊飯器、トースターなど
お助けアイテムもどんどん使います!
コンロでの加熱調理が苦手でも大丈夫。

味付けも
シンプル!

「とろとろ絶品角煮」(P16)

ラクせよ、我々！ 食材編

指令1 時短食材を使用せよ！

切らずにそのまま使えるもの

豚こま肉やひき肉など、包丁＆まな板いらずの食材を使えばラクちん。

火の通りが早いもの

薄切り肉やひき肉、葉物野菜など火の通りが早い食材で加熱時間の短縮に。

加熱不要のもの

刺身や缶詰、練り物、ベーコン、生食できる野菜などを使って加熱は省略。

味や旨みをプラスできるもの

旨みや塩味のある缶詰やベーコン、ウインナー、キムチなどで調味も時短。

指令2 節約食材を選択せよ！

かさましできる優秀食材

もやし、白菜、キャベツ、きのこ類、豆腐、厚揚げなどのかさまし食材で、お金をかけずにボリュームアップが叶います。

memo

買い物に行く前に、冷蔵庫の中身をチェック！無駄な買い物をなくせます。

指令3 大容量で入手せよ！

たくさん買って
冷凍しておこう

肉

鶏肉など

もも肉やむね肉は1枚のまま、または食べやすく切ってからラップで包み、冷凍保存袋へ。1か月間保存可。

豚肉など

こま肉や薄切り肉は小分けにしてラップで包み、冷凍保存袋へ。1か月間保存可。

ひき肉

小分けにして薄く平らに広げてラップで包み、冷凍保存袋へ。2週間保存可。

野菜

大量消費テク!

野菜は大容量タイプを買った方がコスパがよくておすすめ！
大量消費レシピに頼れば使い切りもむずかしくありません。

たとえばキャベツなら…

＼ 約1/4個消費! ／

「うますぎ！油揚げ餃子」（P53）

＼ 1/4個消費! ／

「最高に美味！無限ごまキャベ」（P144）

＼ 約1/4個消費! ／

「超絶品！ガーリックしょうが焼き」（P166）

長持ち保存テク!

野菜は、保存の仕方次第でぐんと長持ちさせられます。
正しい保存方法で、大容量野菜を使い切りましょう。

キャベツ

冷蔵

芯を爪楊枝などをさすことで成長が止まり、長持ちします。ポリ袋に入れて冷蔵庫へ。

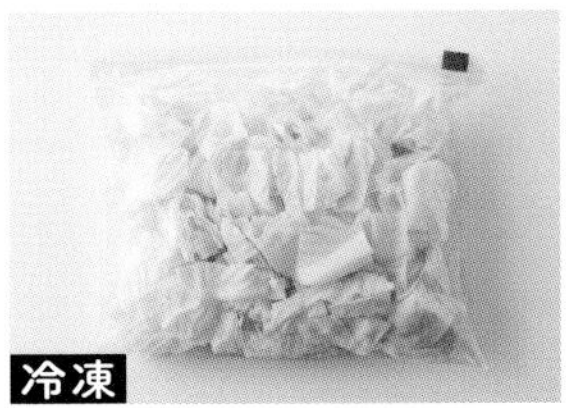

冷凍

食べやすく切って水けを拭き、保存袋に平らになるように入れて空気を抜いて冷凍庫へ。

白菜

冷蔵

½玉や¼玉の白菜は、切り口が乾燥しないようにラップでぴっちり包んでから冷蔵庫へ。

冷凍

食べやすく切って水けを拭き、保存袋に平らになるように入れて空気を抜いて冷凍庫へ。

大根

冷蔵

3等分に切り、濡らしたキッチンペーパーで包んでからラップでさらに包み、冷蔵庫へ。

冷凍

食べやすく切って水けを拭き、保存袋に平らになるように入れて空気を抜いて冷凍庫へ。

ラクせよ、我々！ 調理編

指令 4 目分量を攻略せよ！

少々

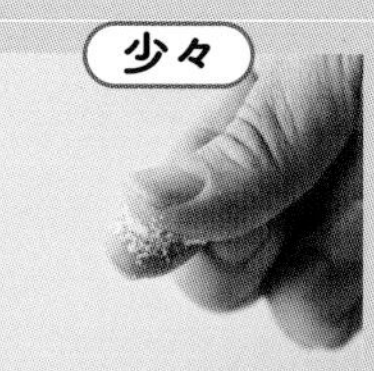

小さじで量れない分量を指し、親指とひとさし指の２本でつまんだくらいが目安。

ひとつまみ

同じく小さじで量れない分量で、親指、ひとさし指、中指でつまんだ量が目安。

小さじ1

ペットボトルのキャップ１杯が大体小さじ１。計量スプーンがないときの目安に。

パスタ100g

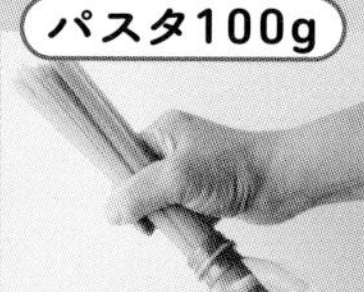

ペットボトルの口にちょうど入るくらいが、 パスタ１人分(＝100g)の目安。

お玉1杯分の量を知っておくと便利

普段使うお玉が１杯何mℓかを知っておけば、計量カップを使わなくても大体の目安がわかるようになるのでラク。

指令 5 調理法別に習得せよ！

焼く

なるべく動かさない

焼き始めたら、動かさずにじっくり焼いて。焼き目がつくことで旨みが閉じ込められます。

炒める

火の通りにくい食材から入れる

時間差で加熱することで火の通りやすい食材の加熱しすぎを防ぎ、水っぽくなりません。

揚げ焼き

油の温度をキープして

少量の油で揚げ焼きするときは、油の温度が下がらないように火力に注意しましょう。

レンチン1

食材は均等に切る

加熱ムラを防ぐために、食材を切ったりちぎったりするときは均等になるようにして。

レンチン2

ラップはふんわりと

加熱中に出る蒸気の逃げ口をつくるため、ラップはぴっちりではなくふんわりとかけて。

レンチン3

加熱後はよく混ぜる

加熱後、すぐに中身をよく混ぜることで、加熱ムラをなくして火の通りを均一に。

\\指令// 6 まとめづくりで"貯食"せよ!

おかずは多めにキープ!

つくる手間を考えるとひとり分をつくるのはどうしても億劫。一度にまとめづくりしておけば、未来の自分が大助かりです。味の濃いものや水分の少ないものが日持ちするのでおすすめ。

ごはんも1食分ずつ

ごはんをその都度研いで炊いて……というのも結構大変。一度に多めに炊いて、1食ぶんずつ小分けにして冷凍保存しておけば、食べたいときにすぐ食べられるので便利です。

解凍し忘れてた!
と慌てずに

Column

食材の解凍方法

冷凍しておいた食材の解凍方法はいくつかあります。そのときの状況に合わせてぴったりの方法を選んで。

レンジで

一番早く解凍できる方法。短時間で熱が入るので、熱が入りすぎないように様子を見ながら少しずつ加熱して。

冷蔵で

低温で時間をかけて解凍する方法。衛生的で味が損なわれにくく、生ものや腐りやすいものの解凍に適しています。

常温で

常温において解凍する方法で、「自然解凍」とも。加熱調理済みの食品の解凍に。季節による室温の変化に注意。

流水・氷水で

包装された状態で水や氷水に浸す解凍方法。常温解凍より早いですが、ドリップが出やすく肉には不向き。

そのまま使う

大きくてすぐに火が通りにくい素材を除けば、凍ったまま鍋に加えるなど、そのまま料理に使ってOK。

Column

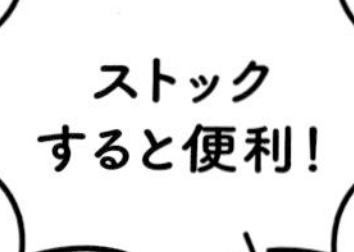

鶏むね肉をしっとりさせるワザ

ヘルシーでお値打ちな鶏むね肉は、パサつきがちなのが悩み。
本書のレシピでは、4つのワザを使ってしっとりさせています。

1. 下ごしらえで柔らか！
2. 下味で柔らか！
3. ころもで柔らか！
4. 加熱の仕方で柔らか！

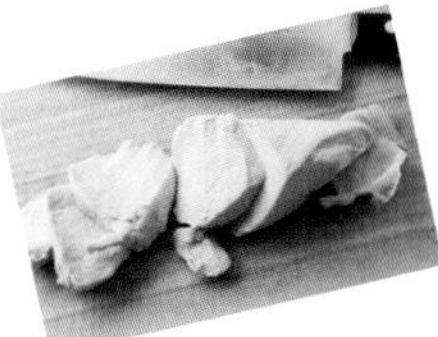

驚くほどしっとりゆで鶏！

鍋でゆでる場合

1. 鍋に鶏むね肉1枚(250g)、かぶるくらいの水、酒大1、塩小¼を入れ、中火で加熱する。
2. 沸騰したらふたをし、火を止める。
3. 粗熱がとれるまでそのままおく。

保存は…

ゆで汁とともに保存容器に入れるとよりしっとり仕上がります。冷蔵庫で2〜3日保存可。

レンジ加熱の場合

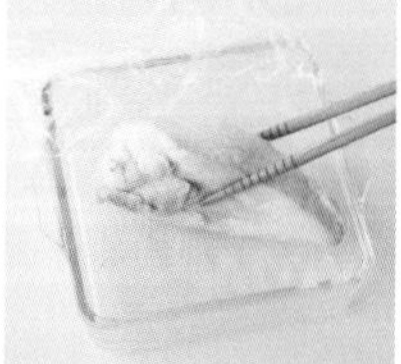

1. 容器に鶏むね肉1枚を入れて酒大1、塩小¼をふりかけ、ふんわりとラップをして3分チン。
2. 鶏肉の上下を返し、さらに3分チン。

保存は…

加熱時に出た汁けとともに保存容器に入れるとパサつきません。冷蔵庫で2〜3日保存可。

よく使う調味料

基本的に
手頃なもので
OK!

- 塩…おうちにあるものでOK。
- 砂糖…上白糖でもグラニュー糖でも好みのものでOK。
- 醤油…濃口醤油を使用。
- 酒…手頃な料理酒でOK。
- みりん…本みりんを使用。
- 味噌…だし入りタイプを使っていますが、だしなしでもOK。
- 顆粒コンソメ…顆粒タイプを使用。
- バター…有塩タイプを使っていますが、無塩でもOK。
- 鶏ガラの素…顆粒タイプを使用。
- 顆粒だし…粉末タイプを使用。
- 麺つゆ…2倍濃縮を使用。
- 焼き肉のたれ…甘口タイプを使っていますが、好みのタイプでOK。
- ごま油…風味をつけたいときに。
- ポン酢…さっぱり感をプラスできます。
- ソース…特に記載がない場合は、ウスターソースを使用。
- ラー油…辛みと香りが出せます。

あると便利な調理道具

レンジ容器

耐熱ボウル(大…直径18cm×高さ8cm、中…直径14cm×高さ14cm、小…直径10.5cm×高さ5cm)を使用。本書のレンジ調理はすべて600Wで加熱しています。

炊飯器

圧力釜タイプではなく、熱が均一にまわりやすいマイコンタイプの5合炊きのものを使用。

トースター

1000Wで加熱できるものであれば何でもOK。

フライパン

フッ素樹脂加工のもので、大(直径26cm)と小(直径20cm)を使用。

本書の使い方

アイコン レシピに出てくる調理法をアイコンで表記しています。

- **レンジ** ワット数は600Wでつくっています。
- **トースター** ワット数は1000Wでつくっています。
- **フライパン** フッ素樹脂加工のフライパンを使用しています。
- **炊飯器*** 圧力釜式ではなく、マイコン式を使用。

調理工程

- 野菜を洗う、皮をむく、余分な油をキッチンペーパーで吸い取る、などは省いています。
- レンジ加熱の際、ラップをする場合はふわっと軽くかけてください。特に記載がない場合はラップをかけずに加熱してください。

火加減 基本中火でつくっています。ご家庭のコンロによって火力が異なるので、調整してください。

省略用語 レシピに出てくる用語をいくつか省略しています。以下を参考にしてください

- マヨネーズ→マヨ
- サラダ油→油
- ポリ袋→袋
- 容器→耐熱容器
- 電子レンジで加熱する→○分チン
- 大さじ・小さじ　大・小

分量 大1(大さじ1)は15ml、小1(小さじ1)は5mlです。卵はLサイズを使用しています。

contents

PART 01
本気で美味しい王道メニュー

PART 02
我々は、無類の鶏肉好き

PART 03
余力でつくれるちびおかず

PART 04

ワンプレートでテンションMAX

PART 05

麺はハッピー

PART 06 野菜は1種類でシンプルに食す

PART 07
ひらひら肉は時短の味方

PART 08
魚は刺身で摂ればいい

PART 09

朝ごはんでゴキゲンTIME

PART 10

白ご飯さえあれば乗り切れる

写真 鈴木泰介(カバー、P2～35)、ハマごはん
スタイリング 本郷由紀子
調理補助 大林久利子
イラスト yukke
デザイン 細山田光宣、鈴木あづさ
(細山田デザイン事務所)
編集 平井薫子、松尾麻衣子(KADOKAWA)
編集協力 矢澤純子、東美希
DTP Office SASAI
校正 麦秋アートセンター

Motivation is 1%

PART 01

本気で美味しい王道メニュー

間違いなくお腹が喜ぶ、人気メニューを集めました。
ワザありで、1人分をつくるのもとってもラクちん。
自分のためにつくるごはん、まずはここから始めてみて。

NO. 001 とろとろ絶品角煮

炊飯器に材料を入れてスイッチオン! 味がよくしみた、とろとろの柔らかい角煮が誰でも簡単につくれます。焼き肉のたれを使えば、調味料は最小限で済みます。

材料（2～3人分）

炊飯器

POINT!

- 炊飯器は3合炊きのものを使用。
- 好みで白ねぎのぶつぎりを入れても美味しい。
- 炊飯後の煮汁にゆで卵を入れて1時間ほど漬ければ、味つけ卵になります。

肉を入れる前に調味料をよく混ぜて

1 炊飯釜に水、焼き肉のたれ、しょうが、顆粒だしを入れて混ぜる。

2 豚肉を加え、通常炊飯。器に盛り、好みで白ごまをふる。

やる気TIPS

しょうがの皮をむくときは、スプーンでこそげとるようにするとスムーズ。

NO. 002 きのこあんかけオムライス

きのこ入りの醤油風味のあんかけでご飯がどんどん進む、和風オムライスです。
卵3個を贅沢に使って半熟状に仕上げ、幸せなふわとろ食感を堪能してください。

フライパン

材料（1人分）〈ライス・卵〉

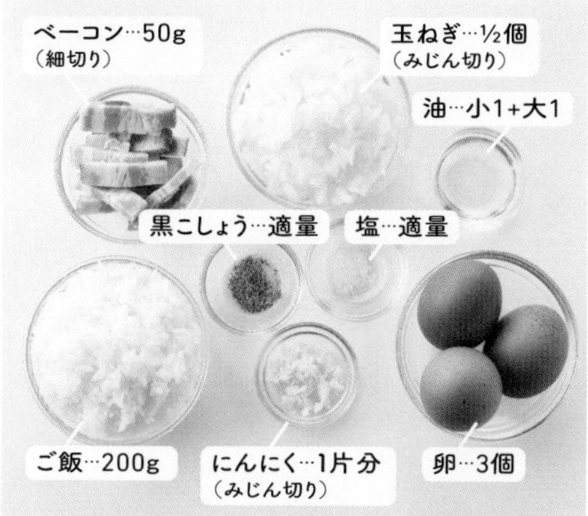

〈あん〉

1 油小1を熱したフライパンでベーコン、玉ねぎ、にんにくを炒め、ご飯、塩、黒こしょうも加えて炒め合わせ、器に盛る。

2 鍋に水、しめじを入れて熱し、沸騰したら弱火にしてAを加え、水溶き片栗粉を加えてとろみをつける。

3 フライパンに油大1を熱し、溶いた卵を加える。外側から内側に向かって2〜3回大きく混ぜる。

4 **3**の卵を**1**のライスにのせ、**2**のあんをかける。

水溶き片栗粉を加えたら全体になじむよう手早く混ぜるのがダマにならないコツ。

NO. 003

バター豚バラカレー

材料を入れてチンするだけなので煮込む手間なし！ 具材はシンプルですが、豚バラの旨み、玉ねぎの甘み、バターのコクが合わさり、極上の美味しさに。

材料（2人分）

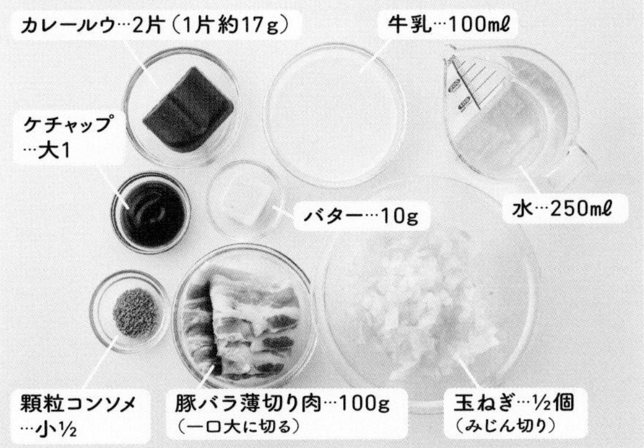

レンジ

POINT!

- 牛乳を加えるとコクが出てまろやかに。
- ルウは好みの辛さでどうぞ。
- 余ったら翌日に食べてもOK。
- 好みでゆで卵を添えて。

1 容器にすべての材料を入れる。

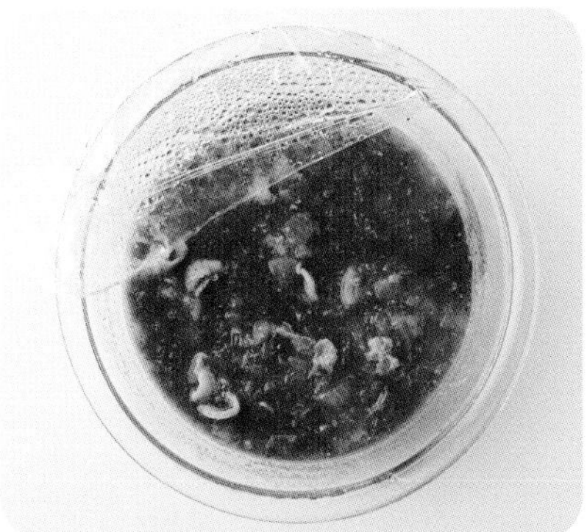

2 ラップをして12分チン。

3 よく混ぜる。ご飯とともに器に盛り、好みでパセリをふる。

パセリ、大葉、小ねぎ、白ねぎの青い部分などは手軽に彩りをプラスできて便利。

NO. 004

麺つゆ ペペロンチーノ

にんにくの香りと鷹の爪がピリッときいた、シンプルなパスタです。ウインナーは薄切りにすると、カリッと香ばしい焼き色がつき、食べごたえが出ます。

材料（1人分）

フライパン

POINT!

- パスタをゆでるときは水2ℓに対し、塩20gを使用。
- パスタをゆでている間にウインナー類を炒めはじめます。
- 辛いのが苦手な方は、鷹の爪の量を好みで調整して。

1 パスタは袋の表示通りにゆで、水気をきる。

2 フライパンにオリーブ油を熱し、ウインナー、にんにくを炒める。

3 弱火にし、1、Aを加えてからめる。

やる気TIPS

鷹の爪は、丸のまま入れるよりも輪切りにして入れた方が辛みがつけられます。

パンチのある
玉ねぎだれが
絶品！

NO. 005 本気の煮込みチーズインハンバーグ

見た目はあっさりした和風ハンバーグのように見えますが、食べるとガッツリ系です。
玉ねぎの甘みがきいたたれ、中からとろりと出てくるチーズが最高の満足感！

材料（1～2人分）

フライパン

POINT!
- 弱火でゆっくり焼いてバターの風味をつけます。
- 玉ねぎのすりおろしは軽く絞って使用。
- 好みで刻みねぎをのせて。

1 ボウルにAを入れ、よくこねる。

2 2等分にし、ピザ用チーズを中に包んで小判形に成形する。

3 フライパンにバターを溶かし、**2**を弱火で焼き、両面に焼き色をつける。

4 混ぜ合わせたBを加え、ふたをして5～6分蒸し焼きにする。

ハンバーグはタネの成形時に空気を抜くと焼いたときに破裂するのを防げます。

NO. 006 鶏もも舞茸チーズグラタン

オーブンやトースターを使わずに、フライパン1つでできるお手軽グラタンです。
鶏肉ときのこの旨みが、ホワイトソースやチーズとからみ、至福の美味しさ！

材料（1〜2人分）

フライパン

POINT!
- 小麦粉はダマにならないように、混ぜながら少しずつ加えて。
- チーズが溶けてとろみがついたら完成です。

1 熱したフライパンでパン粉をきつね色になるまで炒め、取り出す。

2 フライパンを熱してバターを溶かし、鶏肉、舞茸を炒める。

3 弱火にし、牛乳、コンソメ、黒こしょう、塩を加えて混ぜる。

4 肉に火が通ったら、小麦粉、チーズを加えてとろみがつくまで混ぜる。

5 器に盛り、**1**をふりかける。

やる気TIPS
開封済みのパン粉はより長持ちする冷凍保存がおすすめ。開封前なら常温でOK。

NO. 007 本気のチーズイン メンチカツ

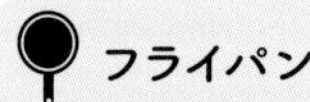

●油の量はフライパンの高さ1cmくらいが目安。

1 ボウルにA、卵1個を入れ、よくこねる。

2 3等分にし、ピザ用チーズを中に包んで小判形に成形する。

3 溶き卵1個分をつけ、パン粉をまぶす。

4 油を熱したフライパンできつね色に揚げる。好みでケチャップをかける。

NO.008 卵黄かけご飯

材料(3杯分)

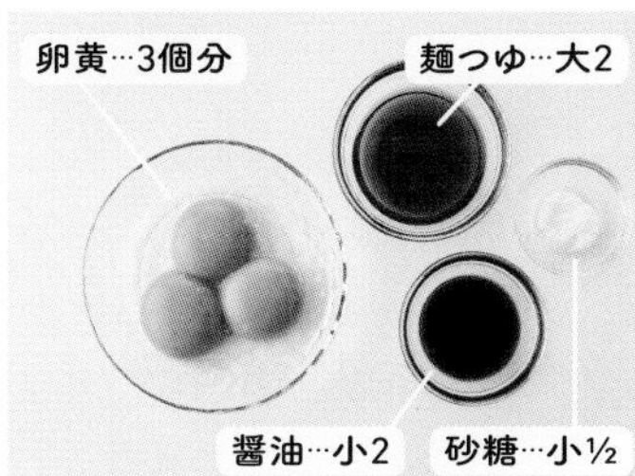

1

保存容器などに卵黄を入れる。

2

麺つゆ、醤油、砂糖を混ぜて1に加え、30分漬ける。ご飯にのせ、漬け汁を適量かける。

POINT!

●漬けた状態で、冷蔵庫で1日保存可。

やる気TIPS

卵は、角に打ちつけて割ると殻が入ってしまうことも。平面に打ちつけると◎。

天かす ツナチャーハン

材料（1人分）

- 玉ねぎ…¼個（みじん切り）
- にんにく…1片分（みじん切り）
- A 天かす…大2
- A 塩…少々
- 卵…1個
- A 黒こしょう…適量
- ツナ（油をきる）…1缶（70g）
- ご飯…200g
- ごま油…小1
- 刻みねぎ…適量
- A 鶏ガラの素…小½

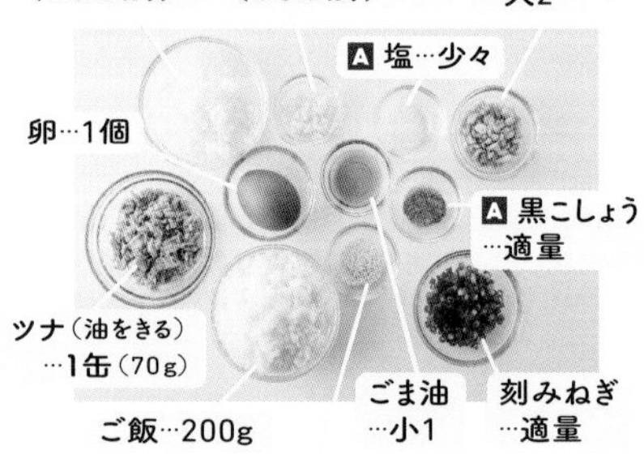

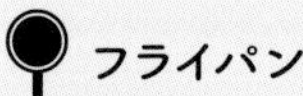
フライパン

POINT!

● 卵を加えたらしばらく触らず、外側がかたまったらご飯を加えて。

1 フライパンにごま油を熱し、玉ねぎ、ツナ、にんにくを炒める。

2 溶き卵、ご飯、Aを加えて炒め合わせる。

3 刻みねぎを加え、軽く炒める。

レンジで簡単！
チーズで
コク出し！

NO. 010 鶏むね肉のホワイトシチュー

材料（2〜3人分）

にんじん…½本（一口大に切る）
玉ねぎ…½個（薄切り）
水…300mℓ
牛乳…150mℓ
鶏むね肉…150g（一口大に切る）
ピザ用チーズ…30g
じゃがいも…200g（一口大に切る）
シチュールウ…2片（1片約22.5g）

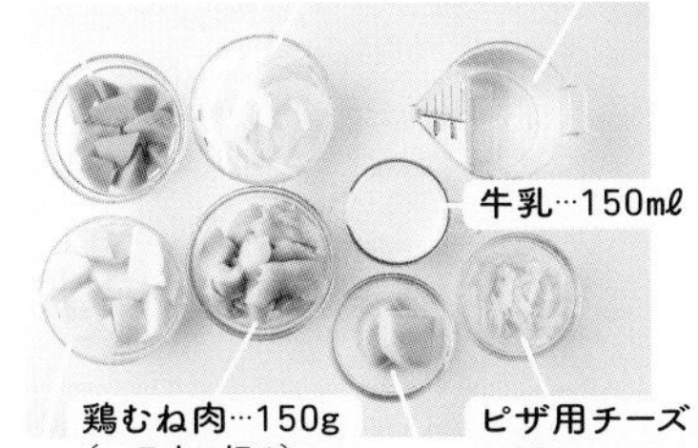

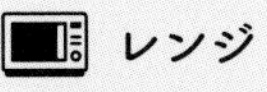 レンジ

POINT!

● 好みでパセリをふって。余ったら翌日に食べてもOK。

1 容器に鶏むね肉、すべての野菜、水を入れる。

2 ラップをして12分チン。

3 牛乳、チーズ、ルウを加えて混ぜ、再び3分チン。

4 よく混ぜて器に盛る。

やる気TIPS

旨みたっぷりのツナ缶の油は、ドレッシングに混ぜるなど活用しても。

NO. 011 チョレギグリーンサラダ

材料（1～2人分）

パプリカ…¼個（細切り）
レタス…2～3枚（一口大にちぎる）
ごま油…小2
白ごま…適量
水菜…1束（ざく切り）
トマト…1個（一口大に切る）
ポン酢…大1½
コチュジャン…小½

POINT!

● 時間が経つとしんなりするので野菜は食べる直前にあえて。

1

ボウルにポン酢、ごま油、コチュジャンを入れて混ぜる。

2

レタス、水菜、パプリカ、白ごまを加え、あえる。器に盛り、トマトをのせる。

PART
01
本気で美味しい王道メニュー

NO. 012 長いもチーズお好み焼き

材料（2〜3人分）

フライパン

POINT!
● 皿をかぶせて返したら、生地をすべらせフライパンに戻して。

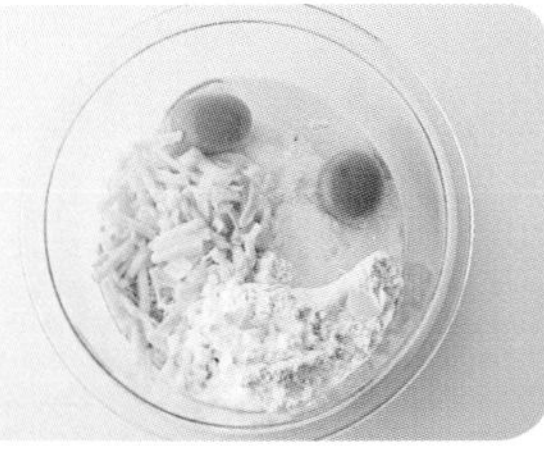

1 ボウルにAを入れて混ぜる。

2 フライパンに油を熱し、豚肉をカリッと焼いて取り出す。

3 同じフライパンに1を流し入れ、2の豚肉をのせて焼く。

4 大きい皿をかぶせてひっくり返し、裏面も焼く。好みでお好み焼きソース、マヨ、刻みねぎをかける。

やる気TIPS
長いもをおろすときは、持つ部分をキッチンペーパーで包むと滑りにくくなり◎。

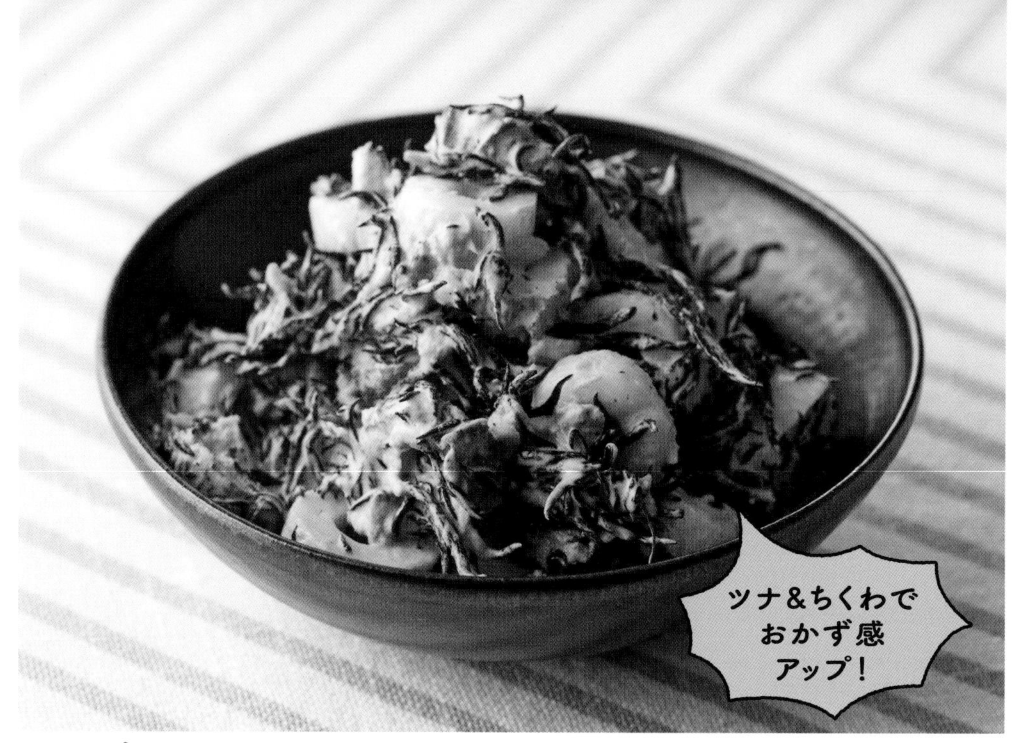

NO.013 ツナマヨひじき

材料（1～2人分）

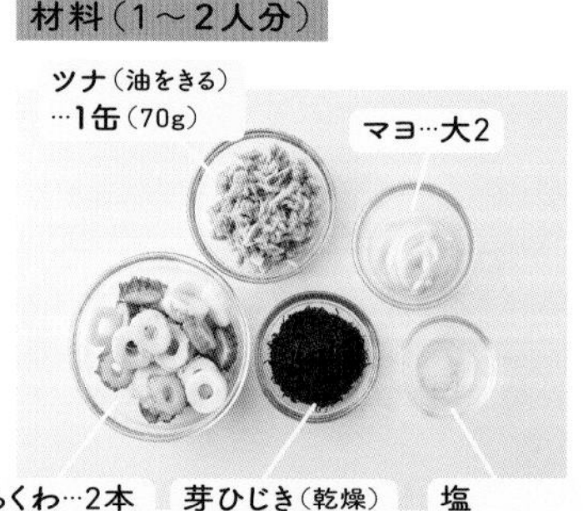

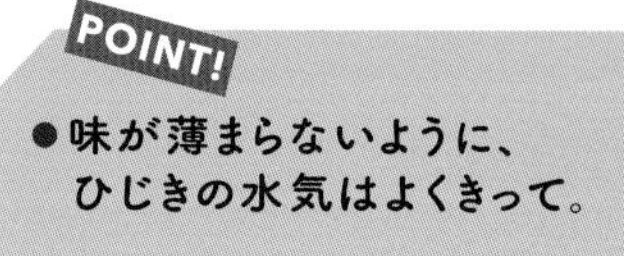

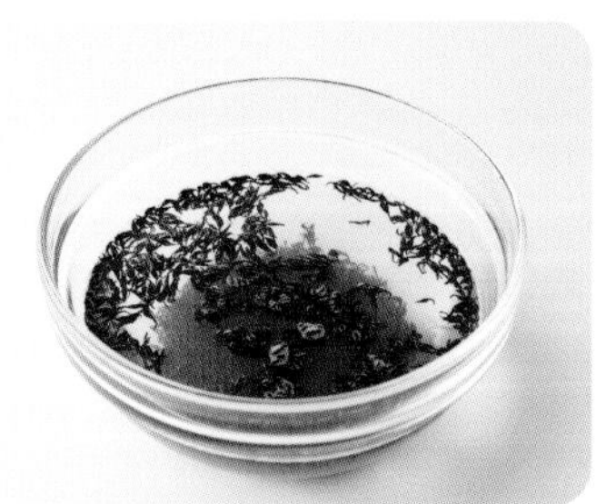

1

ひじきを袋の表示通りに水でもどし、水気をきる。

2

ボウルに**1**、残りの材料を入れてあえる。

POINT!

- 味が薄まらないように、ひじきの水気はよくきって。

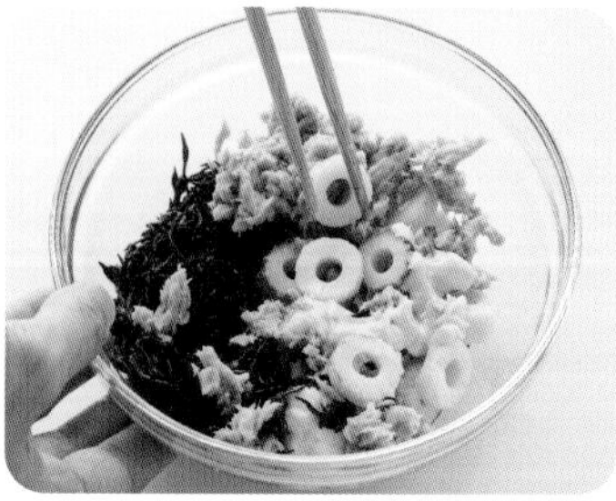

PART 01

本気で美味しい王道メニュー

NO. 014 切り干し大根ナムル

材料（1～2人分）

- 切り干し大根…30g
- ごま油…小2
- コチュジャン…小½
- 醤油…少々
- 鶏ガラの素…小½
- 白ごま…適量

1 切り干し大根を袋の表示通りに水でもどし、さっと湯通しして水気をきる。

2 ボウルに**1**、残りの材料を入れてよくあえる。

POINT!

- 切り干し大根の食感を残すため、さっとゆでる程度でOK。

やる気TIPS

細切りにした大根を乾燥させた切り干し大根は、甘みと旨みが凝縮した優秀食材。

Motivation is 1%

PART 02

我々は、無類の鶏肉好き

愛され食材・鶏肉を使ったレシピ43品が大集結！
揚げものや炒めもの、チャーシューなどバラエティ豊か。
節約したい人やダイエット中の人にもうってつけです。

レンジ

NO. 015 超絶品！甘辛鶏チャーシュー

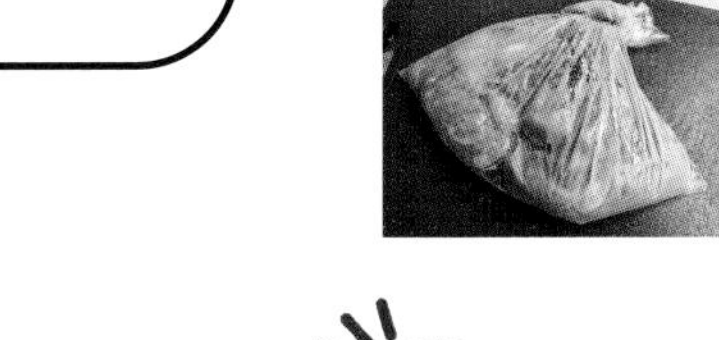

1～2人分

A 味噌大1½、豆板醤・砂糖・酒各大1、おろししょうが・おろしにんにく各小1

1. 袋に鶏もも肉300g（フォークで数か所穴をあける）、**A**を入れてなじませ、30分おく。
2. 容器に**1**を入れ、ラップをして3分半チン。裏返して再び2分チン。
3. 一口大に切ってピザ用チーズ大1をのせ、30秒チン。黒こしょう少々をかける。

鶏肉は中まで火が通るように穴をあける。

フライパン

NO. 016 本気のとろとろタルタルチキン

1～2人分

1. 沸騰した湯で卵1個を6分半ゆで、冷水で冷やして殻をむき、細かく切ってマヨ大3とあえる。
2. 鶏もも肉250g（フォークで数か所穴をあけて一口大に切る）をポン酢大2、砂糖小1に30分以上漬け、片栗粉大2をまぶす。
3. 油大6を熱したフライパンで**2**をこんがり揚げ焼きにし、**1**をかける。

刻みねぎや黒こしょうをかけても。

やる気TIPS

鶏肉はフォークで穴をあければ加熱時に縮むのを防げて、味もよくなじみます。

NO. 017

のり塩から揚げ

1～2人分

A 酒大2、鶏ガラの素小½、塩小¼、黒こしょう適量、おろしにんにく・おろししょうが各小1

1 袋に鶏もも肉300g（フォークで数か所穴をあけて一口大に切る）、**A**を入れてなじませ、30分以上漬ける。

2 片栗粉大2、青のり小1をまぶす。

3 油大4を熱したフライパンで揚げ焼きにする。

NO. 018

悪魔のカルボナーラチキン

1～2人分

A マヨ大1、塩小¼、黒こしょう適量、片栗粉大1½

1 袋に鶏もも肉250g（フォークで数か所穴をあけて一口大に切る）、**A** を入れ、なじませる。

2 オリーブ油大1を熱したフライパンで1を焼き色がつくまで炒めたら、弱火にして牛乳100mℓ、顆粒コンソメ小1を加えて煮る。

3 火を止め、溶き卵1個分、ピザ用チーズ30gを加えてからめ、パセリ・黒こしょう各適量をかける。

鶏肉はオリーブ油でパリッと焼いて食感よく仕上げる。

NO. 019

味噌マヨから揚げ

A 味噌・マヨ・酒各大1、砂糖小1、顆粒だし小½、おろしにんにく1片分、おろししょうが小1

1～2人分

1 袋に鶏もも肉300g（フォークで数か所穴をあけて一口大に切る）、**A**を入れてなじませ、30分おく。

2 小麦粉大2をまぶし、油大5を熱したフライパンで揚げ焼きにする。

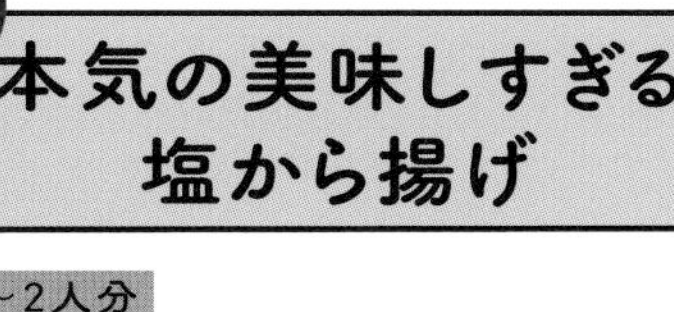

NO. 020

本気の美味しすぎる塩から揚げ

フライパン

シンプルイズベスト！

1～2人分

A ごま油小2、鶏ガラの素小1、酒大1、白だし小½、おろししょうが・おろしにんにく各小½、塩小⅓、黒こしょう適量

1. 袋に鶏もも肉300g（フォークで数か所穴をあけて一口大に切る）、**A**を入れてなじませ、30分以上漬ける。
2. 片栗粉大2をまぶし、油大4を熱したフライパンで揚げ焼きにする。

POINT!
好みでレモンをかけても美味しい。

ご飯がすすむ！

NO. 021

超絶品！味噌照りペッパーチキン

フライパン

1～2人分

1. フライパンに油小1を熱し、鶏もも肉250g（一口大に切る）を軽く焼き色がつくまで炒める。
2. 弱火にして酒・みりん各大1、おろしにんにく・おろししょうが各小½を加え、ふたをして3～4分蒸す。
3. 味噌大1、砂糖小2、顆粒だし小½を加えて炒め、黒こしょう適量をふる。

POINT!
蒸したあと肉に火が通ったか確認して調味する。

やる気TIPS
揚げ物は少なめの油で揚げ焼きにすれば、調理後の油の処理や洗い物もラクちん！

NO. 022 悪魔のうま辛から揚げ

1〜2人分

A 醤油・酒・みりん各大1、砂糖小2、おろしにんにく1片分、鶏ガラの素・コチュジャン・白ごま各小1

1. 袋に鶏もも肉300g（フォークで数か所穴をあけて一口大に切る）、**A**を入れてなじませ、30分漬ける。
2. 片栗粉・小麦粉各大2をまぶす。
3. 油大5を熱したフライパンで揚げ焼きにする。

NO. 023 ねぎポンから揚げ

1〜2人分

A ポン酢大3、砂糖小1、白ごま適量、おろしにんにく・おろししょうが各小1

1. 袋に鶏もも肉300g（フォークで数か所穴をあけて一口大に切る）、**A**を入れてなじませ、30分以上漬ける。
2. 片栗粉大3をまぶし、油大6を熱したフライパンで揚げ焼きにする。刻みねぎ適量をかける。

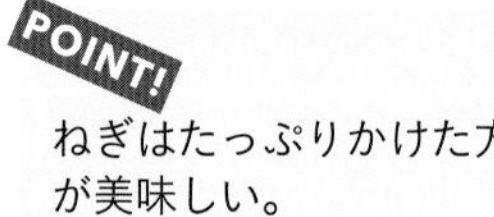

POINT!
ねぎはたっぷりかけた方が美味しい。

NO. 024 本気のカレー風味のから揚げ

1〜2人分

A 醤油・砂糖・酒各小1、マヨ大1、カレー粉小2

1. 袋に鶏もも肉250g（フォークで数か所穴をあけて一口大に切る）、**A**を入れてなじませ、30分以上漬ける。
2. 小麦粉大3をまぶし、油大6を熱したフライパンで揚げ焼きにする。

POINT!
好みでレモンを搾っても美味しい。

NO. 025 至高のポン酢照り焼きチキン

甘酸っぱさが最高！

1～2人分

A ポン酢大1、レモン汁小1、砂糖小2、おろしにんにく・おろししょうが各小½

1 鶏もも肉300g(一口大に切る)に塩こしょう少々、片栗粉大1をまぶす。

2 **A**を混ぜ合わせる。

3 ごま油小2を熱したフライパンで**1**を炒め、表面が焼けたら弱火にし、**2**を加えて煮からめ、白ごま適量をふる。

POINT!
焼き色をつけたら調味料を加えて中まで火を通す。

NO. 026 レンジで簡単！麺つゆよだれ鶏

食欲をそそる辛味！

1～2人分

1 容器に鶏もも肉250g(フォークで数か所穴をあける)、酒大1、砂糖小1を入れてなじませ、ラップをして4分チン。肉を返して再び4分チン。

2 白ねぎ10cm(みじん切り)、麺つゆ大2、ごま油大1、酢小2、おろしにんにく小½を混ぜ合わせる。

3 鶏肉を一口大に切り、**2**、ラー油小1、白ごま適量をかける。

NO. 027 旨みから揚げの甘酢あえ

酸味が絶妙！

1～2人分

1 袋に鶏もも肉300g(皮を取ってフォークで数か所穴をあけ、一口大に切る)、酒大1、鶏ガラの素小1、おろしにんにく小½を入れてなじませ、30分漬ける。

2 フライパンに深さ2cmほどの油を入れて熱し、**1**に片栗粉大4をまぶして揚げ焼きにする。

3 醤油・酢各大1、砂糖小1、白ごま適量を混ぜ、から揚げにあえる。

やる気TIPS
から揚げの衣は好みで。小麦粉だとしっとり、片栗粉だとサクサクの仕上がりに。

PART 02

我々は、無類の鶏肉好き・鶏もも肉

NO. 028 やみつきから揚げ

ごま油香る!

1～2人分

A 醤油大2、ごま油・酒・砂糖・みりん各大1、鶏ガラの素小1

1 袋に鶏もも肉300g(皮を取ってフォークで数か所穴をあけ、一口大に切る)、**A**を入れてなじませ、30分漬ける。

2 片栗粉大3をまぶし、油100mℓを熱したフライパンで揚げる。

POINT! 袋に入れたら軽くもみ込んで調味料を行き渡らせる。

NO. 029 超絶品! ヤンニョム竜田揚げ

おかずにもおつまみにも!

1～2人分

A ケチャップ・コチュジャン・焼き肉のたれ各大1、麺つゆ小2、おろしにんにく小1、白ごま適量

1 袋に鶏もも肉300g(フォークで数か所穴をあけ、一口大に切る)、鶏ガラの素小1、こしょう少々、おろししょうが小1を入れてなじませ、片栗粉大3をまぶす。

2 油100mℓを熱したフライパンで揚げる。

3 **A**を混ぜ、から揚げにあえる。

POINT! 揚げるときの火加減は弱火と中火の間で。

NO. 030 本気の焼き肉から揚げ

パンチのきいた味!

1～2人分

1 袋に鶏もも肉300g(フォークで数か所穴をあけて一口大に切る)、焼き肉のたれ大3、おろしにんにく1片分を入れてなじませ、30分おく。

2 片栗粉・小麦粉各大2をまぶす。

3 油大4を熱したフライパンで揚げ焼きにする。

POINT! 果実やスパイスを含む焼き肉のたれで満足度アップ。

NO. 031 クリスピー風から揚げ

1～2人分

A 醤油大2、酒・みりん各大1、砂糖小1、おろしにんにく・おろししょうが各小1

1. 袋に**鶏もも肉300g**(フォークで数か所穴をあけ、4等分に切る)、**A**を入れてなじませ、30分漬ける。
2. **片栗粉大1**、**天かす大2**(砕く)をまぶす。
3. **油大4**を熱したフライパンで揚げ焼きにする。

POINT!
揚げ焼きの火加減は弱火と中火の間で。

NO. 032 鶏もも味噌照り焼き

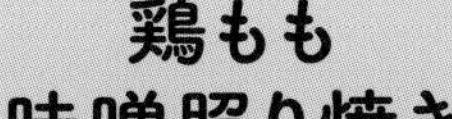

1～2人分

A 赤味噌・みりん各大1、砂糖小1、黒こしょう少々、おろしにんにく小1

1. ボウルに**鶏もも肉150g**(一口大に切る)、**A**を入れて混ぜ、冷蔵庫で30分冷やす。
2. フライパンに**ごま油小1**を熱し、1を火が通るまで弱火で焼く。
3. **大葉1枚**(せん切り)、好みで**一味唐辛子適量**をかける。

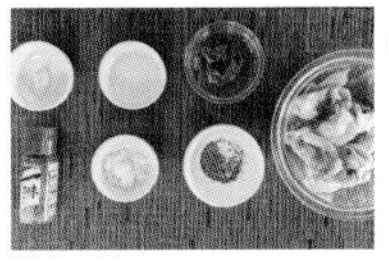

POINT!
味噌が焦げやすいので弱火でじっくり焼く。

NO. 033 鶏肉の甘酢ねぎだれ炒め

1～2人分

1. **鶏もも肉200g**(一口大に切る)に**塩こしょう少々**、**片栗粉小1**をまぶす。
2. **ごま油小1**を熱したフライパンできつね色になるまで弱火で炒め、**ポン酢大1**、**酒・鶏ガラの素・砂糖各小1**を加えてからめる。
3. **白ねぎ¼本**(みじん切り)を加え、軽く炒める。

POINT!
肉に片栗粉をまぶすとたれにとろみがつき、からみやすい。

やる気TIPS

下味にポリ袋を使えば、少ない調味料も全体に行き渡り、手も汚れなくてラク。

NO. 034 鶏キムチチーズ炒め

1〜2人分

1 フライパンにごま油小1を熱し、鶏もも肉200g(一口大に切る)をきつね色になるまで炒める。

2 玉ねぎ½個(薄切り)を加えて炒め、火が通ったら、麺つゆ小1、砂糖・鶏ガラの素各小½、キムチ30gを加える。

3 ピザ用チーズ20gを加えて混ぜ溶かし、刻みねぎ適量をかける。

NO. 035 極うま 鶏チーチャーシュー

1〜2人分

A 醤油・酒・みりん各大2、砂糖小2、鶏ガラの素・おろしにんにく・おろししょうが各小1

1 容器に鶏もも肉200g、Aを入れて混ぜる。

2 ラップをして2分半チン。肉を返して再び1分半チン。

3 鶏肉を一口大に切り、スライスチーズ2枚をのせて1分チン。パセリ少々をかける。

POINT! チーズをのせたら溶けるまでチンする。

レンジ

レンジに
おまかせ!

NO. 036 レンジで一発! タンドリー風チキン

1〜2人分

A カレー粉小2、ケチャップ大2、マヨ大1、麺つゆ小1、おろしにんにく・おろししょうが各小½

1 容器に鶏もも肉250g(一口大に切る)、Aを入れる。

2 ラップをして5分チン。よく混ぜ、黒こしょう適量をかける。

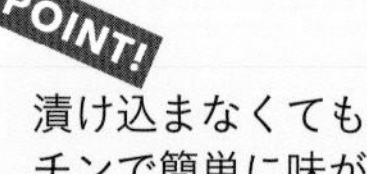

POINT! 漬け込まなくても、レンチンで簡単に味がしみ込む。

NO. 037 バターと粉チーズのチキンステーキ

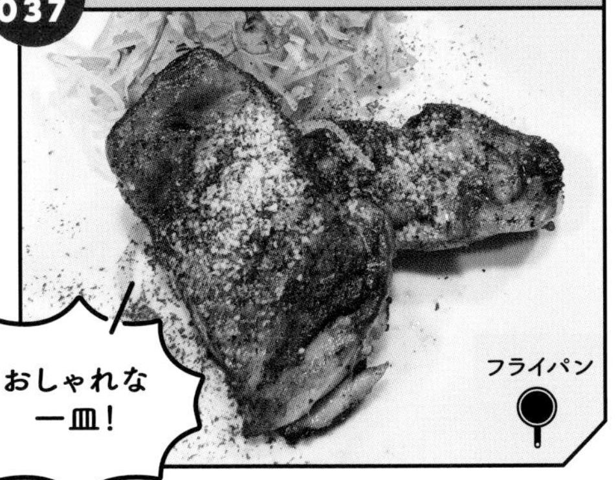

1～2人分

1 鶏もも肉160gに塩・黒こしょう各少々、おろしにんにく小1をまぶし、バター20gを溶かしたフライパンで焼く。

2 焦げ目がついたら返し、バター20gを加え、ふたをして弱火で蒸し焼きにする。粉チーズ小1をかける。

POINT!
バターを2回に分けて加え、風味をしっかりつける。

NO. 038 にんにくチーズの無敵シュクメルリ

1～2人分

1 フライパンにバター10gを溶かし、鶏むね肉200g(一口大に切る)を弱火で炒める。

2 きつね色になったら、にんにく3片(みじん切り)、鶏ガラの素・顆粒コンソメ各小1を加えて軽く混ぜ、牛乳200mℓ、小麦粉小1、ブロッコリー60g(小房に分ける)の順に加える。

3 塩こしょう適量で味を調え、ピザ用チーズ60gを混ぜる。

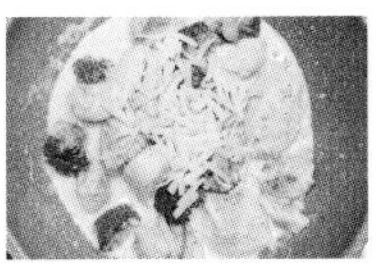

POINT!
肉がかたくならないよう弱火でゆっくり火を通す。

NO. 039 鶏肉チャーシュー

1～2人分

A 醤油大1、みりん・砂糖・鶏ガラの素・おろしにんにく・おろししょうが各小1

1 耐熱ボウルに鶏むね肉250g、Aを入れて混ぜる。

2 ラップをして3分チン。肉を返し、再び3分チン。一口大に切る。

POINT!
好みで食べるラー油をかけていただく。

やる気TIPS
フライパンは焼く、炒める、煮る、蒸す、揚げるなど色々な調理法ができて便利！

NO. 040 悪魔のチキンナゲット

1〜2人分

A 小麦粉大2、鶏ガラの素・顆粒コンソメ・おろししょうが各小1、おろしにんにく1片分、マヨ大1

1 ボウルに鶏むね肉250g(細かく刻む)、卵1個、Aを入れて混ぜ、一口大に丸める。

2 油大4を熱したフライパンで1を揚げ焼きにする。ケチャップ適量を添える。

NO. 041 本気のチーズチキンナゲット

1〜2人分

1 ボウルに鶏むね肉200g(細かく刻む)、顆粒コンソメ・酒各小1、片栗粉大2を入れて混ぜる。

2 ピザ用チーズ50gを中に入れ、一口大に丸く成形する。

3 フライパンに油大4を熱し、2を揚げ焼きにする。

POINT! ケチャップやマヨをつけて食べるとより美味しい。

NO. 042 よだれ鶏むねつくね

1〜2人分

A 醤油大1½、酒大1、砂糖小2、ごま油小1、白ごま適量

1 容器に鶏むね肉250g(細かく刻む)、白ねぎ20cm(みじん切り)、Aを入れて混ぜ、一口大に丸める。

2 ラップをして5分チン。ラー油適量をかける。

POINT! 耐熱皿に並べてチンすればそのまま食卓へ。

NO. 043

鶏むね肉の柔らか甘辛チキン

ふわっとジューシー！

フライパン

1～2人分

A　醤油・酒・小麦粉各大1、砂糖小1、コチュジャン小2、白ごま適量

1 ボウルに**鶏むね肉300g**(フォークで数か所穴をあけて一口大に切る)、**塩こしょう少々**、**マヨ・小麦粉各大1**を入れて混ぜる。

2 フライパンに**油大3**を熱し、揚げ焼きにする。

3 油をふき、弱火にして**A**を加えてからめる。

マヨネーズをもみ込むと、むね肉が柔らかくジューシーに。

NO. 044

鶏むね肉のとろっとろ白菜ねぎポン

レンジでさっぱり煮物

レンジ

1～2人分

1 容器に**鶏むね肉250g**(一口大に切る)、**白菜5枚**(ざく切り)、**ごま油・砂糖各小1**、**酒小2**、**ポン酢大1½**を入れる。

2 ラップをして5分チン。肉を返して再び4分チン。

3 **黒こしょう・白ごま・刻みねぎ各適量**をかける。

加熱後、よく混ぜてから器に盛る。

NO. 045

うま辛ヤンニョムむね肉チキン

レンジで7分！

レンジ

1～2人分

A　ケチャップ・みりん・麺つゆ各大1、コチュジャン・ごま油各小2、砂糖小1、白ごま適量

1 **鶏むね肉250g**(一口大に切る)に**塩少々**、**黒こしょう適量**、**片栗粉大3**をまぶす。

2 容器に**1**、**A**を入れ、混ぜる。

3 ラップをして3分半チン。肉を返して再び3分半チン。

容器に肉が重ならないように並べると加熱ムラを防げる。

やる気TIPS

一枚肉を刻んで使うと食感が出せます。時間がなければひき肉を使っても。

NO. 046 鶏むね肉とじゃがいものコンソメ蒸し

1〜2人分

1 容器にじゃがいも2個(皮をむいて一口大に切る)、鶏むね肉250g(一口大に切る)、顆粒コンソメ小1、水100㎖、麺つゆ大1、塩小¼を入れる。

2 ラップをして6分チン。

3 よく混ぜ、黒こしょう・パセリ各適量をふる。

NO. 047 最高にうまい！うま塩チキン

1〜2人分

A 鶏ガラの素小1、レモン汁・酒各大1、おろしにんにく・おろししょうが各小½、塩少々、黒こしょう適量

1 ボウルに鶏むね肉300g(半分に切り、フォークで数か所穴をあける)、Aを入れて混ぜ、30分以上漬ける。

2 片栗粉・小麦粉各大2をまぶす。

3 フライパンに油大5を熱し、揚げ焼きにする。

POINT! 下味がしっかりついているので、そのまま食べても美味しい。

NO. 048 フライパンで一発！至福の鶏マヨ

1〜2人分

1 ボウルに鶏むね肉250g(一口大に切る)、麺つゆ大3、顆粒だし小½、おろしにんにく・おろししょうが各小1を入れて混ぜ、冷蔵庫で30分冷やす。

2 片栗粉大1をまぶし、油小1を熱したフライパンで火が通るまで炒める。

3 火を止め、マヨ大2、ケチャップ大1、黒こしょう少々をあえ、パセリ適量をかける。

POINT! マヨネーズが分離しやすいので火を止めてから混ぜる。

NO. 049 レンジで簡単！甘辛鶏むねチキン

1〜2人分

1 容器に鶏むね肉300g(一口大に切る)、鶏ガラの素小1、こしょう適量、片栗粉大2を入れて混ぜる。

2 ラップをして5分チン。肉を返して再び4分チン。

3 醤油・酒・みりん各大1、砂糖小1を加えてからめ、ラップをして1分チン。白ごま適量をかける。

NO. 050 レンジでOK！甘酢よだれ鶏

1〜2人分

A 醤油大1、ごま油・酢各小2、砂糖小1、おろしにんにく小½

1 容器にもやし1袋(200g)を入れ、ラップをして4分チン。

2 別の容器に鶏むね肉250g(フォークで数か所穴をあける)に塩小¼、酒大1を入れてなじませ、ラップをして7分チン。火が通ったら1cm幅に切る。

3 Aを混ぜ、1、2にかける。刻みねぎ・白ごま各適量をかける。

NO. 051 塩レモンよだれ鶏

レンジ

簡単
ヘルシーおかず！

1〜2人分

A 白だし小½、ごま油・鶏ガラの素・レモン汁各小1、おろしにんにく・おろししょうが各小½

1 容器に鶏むね肉250g(フォークで数か所穴をあける)、酒・砂糖各小1、塩少々を入れ、なじませる。

2 ラップをして4分チン。肉を返して再び2分半チン。1cm幅に切る。

3 Aを混ぜ、2にかける。黒こしょう・レモン汁・刻みねぎ各適量をかける。

POINT! 鶏肉は火が通っているのを確認してから切る。

やる気TIPS
レンジ加熱中の待ち時間も、もう一品つくる、後片付けをするなど有効利用を。

PART 02

我々は、無類の鶏肉好き ● 鶏むね肉

NO. 052 味噌マヨ鶏むね

レンジ

味噌×マヨで最高のおかず！

1～2人分

1 味噌・砂糖各小2、マヨ大1、麺つゆ小1を混ぜる。

2 容器に鶏むね肉250g（一口大に切る）、酒・片栗粉各大1、鶏ガラの素小½を入れてなじませ、ラップをして4分半チン。

3 1を加えて混ぜ、再び1分半チン。白ごま・刻みねぎ各適量をのせる。

POINT! 鶏肉を重ならないように並べると全体に火が通りやすい。

NO. 053 フライパンで簡単！ねぎ塩鶏むね

フライパン

ねぎの食感もアクセント！

1～2人分

A 酒大1、鶏ガラの素小1、塩小¼、おろしにんにく・おろししょうが各小½

1 フライパンに油小1を熱し、鶏むね肉250g（一口大に切る）を軽く焼き色がつくまで炒める。

2 弱火にしてAを加え、ふたをして3～4分蒸す。

3 白ねぎ20cm（みじん切り）、黒こしょう適量を加えて軽く炒める。

NO. 054 レモンペッパーサラダチキン

レンジ

レンジにおまかせ！

1～2人分

1 ボウルに鶏むね肉250g（フォークで数か所穴をあける）、酒大1、鶏ガラの素小1、塩小⅓、おろしにんにく小1を入れて混ぜる。

2 ラップをして4分チン。肉を返して再び3分チン。

3 一口大に切り、黒こしょう適量をふり、レモン汁小1をかける。

POINT! 加熱前に30分ほど漬け込むと味がしみ込んでより美味しい。

NO. 055 本気のふんわりつくね

1～2人分

A 牛乳・醤油・マヨ各大1、片栗粉大2、酒・みりん・砂糖各小1、おろししょうが・おろしにんにく各小½、塩こしょう少々

1. ボウルに**鶏ひき肉200g**、**A**を入れてよく混ぜ、一口大に丸める。
2. **油小1**を熱したフライパンで火が通るまで両面を焼く。
3. **卵黄1個分**を添える。

NO. 056 究極の手羽元

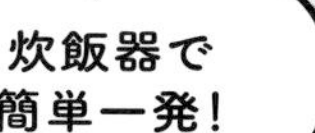

2人分

A 水・ポン酢各100mℓ、白だし・砂糖各大2、顆粒だし小1、おろしにんにく・おろししょうが各小1½

1. 炊飯釜に**A**を入れ、混ぜる。
2. **手羽元10本**を加え、通常炊飯。**刻みねぎ適量**をのせる。

POINT! 炊飯器の力で手羽元が驚くほど柔らかくなる。

NO. 057 至高の塩手羽先

2人分

A 酒大2、鶏ガラの素大1、塩小⅓、顆粒だし小½、おろしにんにく・おろししょうが各小½

1. **手羽先500g（9～10本）**に包丁で数か所切り込みを入れ、ボウルに入れる。
2. 1に**A**を加えて混ぜ、**片栗粉大3**をまぶす。
3. フライパンに**油大4**を熱し、弱火で揚げ焼きにし、**黒こしょう適量**をかける。

POINT! 手羽先は骨に沿って切り込みを入れると味がしみやすくなる。

やる気TIPS

手羽元は柔らかくてあっさりめ、手羽先は引き締まっていて脂肪が多いのが特徴。

PART

余力でつくれる ちびおかず

「今日は疲れてもう動けない」「台所に立つのがやっと」
そんなときに役立つ、ちびおかずレシピ84品をご紹介。
これなら余力で何とかつくれそう……と思えるはず！

NO. 058 チーズで煮込んだハンバーグ

1～2人分

1 ボウルに合いびき肉200g、パン粉大4、牛乳大3、卵1個、塩こしょう少々を入れてよくこね、小判形に成形する。

2 油大1を熱したフライパンで焼き色がつくまで焼く。

3 牛乳100㎖、顆粒コンソメ小½、にんにく1片(薄切り)、ピザ用チーズ50gを加え、ふたをして火が通るまで煮る。黒こしょう・パセリ各適量をかける。

表面に焼き色をつけたら、油をふき取り、牛乳などを入れる。

NO. 059 レンジで簡単!豚の甘辛角煮

1～2人分

1 容器に豚バラかたまり肉200g(一口大に切る)、白ねぎ1本(斜め切り)、醤油・みりん各40g、砂糖大1、炭酸水100㎖を入れ、ラップをして7分チン。

2 肉を返し、コチュジャン大1を加えて再び3分チン。

3 肉に火が通ったら、刻みねぎ・しょうが(みじん切り)各適量、白ごま小1をかける。

水の代わりに炭酸水を使うと肉が柔らかくなる。

NO. 060 うますぎ!油揚げ餃子

1～2人分

1 ボウルに豚ひき肉100g、キャベツ5枚(みじん切り)、ニラ¼本(1㎝長さに切る)、麺つゆ大1、おろしにんにく・おろししょうが各小1、鶏ガラの素小1を入れ、よく混ぜる。

2 油揚げ4枚(半分に切る)の中に1を入れ、爪楊枝でとめる。

3 ごま油小1を熱したフライパンで2の片面を焼く。軽く焦げ目がついたら返し、水大1を加えて弱火にし、ふたをして水気がなくなるまで蒸す。

やる気TIPS

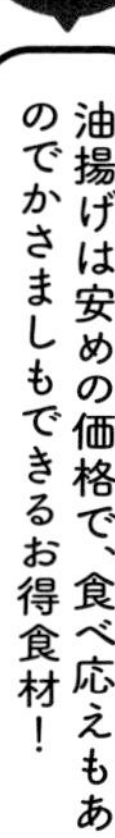

NO.061 止まらないうまさ！豚チーズ餃子

薄切り肉を使って手軽に！

10個分

1 豚バラ薄切り肉150g（2㎝幅に切る）に鶏ガラの素小1、黒こしょう少々を混ぜる。

2 餃子の皮10枚の端に水少々をつけ、大葉10枚、スライスチーズ5枚（半分に切る）、1を均等にのせて巻く。

3 油小1を熱したフライパンに2を並べ、水50mℓで片栗粉小1を溶いて加える。ふたをして4分蒸し焼きにする。

皮は巻くだけで、包まなくていいので簡単！

NO.062 レンジで一発！大葉とピリ辛つくね

甘辛絶品料理

1～2人分

A 醤油・ごま油各大1、砂糖・豆板醤・おろしにんにく・おろししょうが各小1、白ごま少々

1 ボウルに鶏むねひき肉200g、塩・黒こしょう各少々、小麦粉大1を入れて混ぜ、一口大に丸める。

2 容器に1、Aを入れ、ラップをして5分チン。

3 大葉3～5枚の上に2をのせ、卵黄1個分を添える。

加熱後つくねにたれをからめてから盛りつける。

NO.063 究極の肉巻きおにぎり

うまGすぎて大満足！

1～2人分

1 ご飯300gでおにぎりをつくり、豚バラ薄切り肉200gで包み、黒こしょう少々をかける。

2 フライパンに油小1を熱し、弱火で1の全面を焼く。

3 醤油大2、酒大1、砂糖・鶏ガラの素各小1を加え、からめる。白ごま適量をかける。

ときどき返しながら肉に焼き色をつける。好みで大葉を添えて。

NO. 064

本気の ねぎ味噌つくね

味噌だれがマッチ!

1〜2人分

A 味噌・みりん各大1、ごま油適量、醤油・砂糖各小1

1 ボウルに鶏ひき肉120g、片栗粉・塩こしょう各少々を入れてよくこね、一口大に丸める。

2 **A**を混ぜ合わせる。

3 フライパンに油小1を熱し、1を焼く。焼き色がついたら弱火にし、2を加えてからめる。白ごま・刻みねぎ各適量をかける。

POINT! 味噌が焦げやすいので弱火にしてから調味料を加える。

NO. 065

至福の ねぎまアヒージョ

オリーブ油の香りがしみ込む

1〜2人分

1 フライパンにオリーブ油大2、鶏もも肉250g(フォークで数か所穴をあけて一口大に切る)、白ねぎ1本(3cm幅に切る)、にんにく適量(薄切り)、鷹の爪1本(輪切り)を入れ、弱火で煮る。

2 鶏肉に火が通ったら、塩小⅓、黒こしょう適量で味を調える。

POINT! オイルが行き渡るよう小さめのフライパンを使用。

NO. 066

鮭のコーンポタージュムニエル

スープの素を有効活用!

1〜2人分

1 フライパンにバター5gを溶かし、鮭1枚(水気をふく)を弱火で焼く。片面焼いたら返してバター5gを加えてさらに焼く。

2 市販のコーンポタージュの素1袋と湯100mℓを混ぜてコーンスープをつくる。

3 器に鮭を盛り、2をかけて黒こしょう・パセリ各少々をふる。

POINT! 「じっくりコトコト 濃厚コーンポタージュ」を使用。とろみがつく程度につくる。

やる気TIPS

鶏ひき肉はひき肉の中でも比較的安く、ヘルシーなのも嬉しい。

NO.067 ガーリックマグロステーキ

にんにくの香りがたまらない！

1～2人分

1 刺身用マグロ130gに黒こしょう少々をもみ込む。

2 フライパンにバター10g、にんにく1片(薄切り)を入れて弱火で熱し、1の片面を軽く焼く。

3 醤油・酒・みりん各大1、砂糖小1を加え、マグロを返して軽く焼き、一口大に切る。

4 好みで、ご飯200gの上に大葉1枚を敷いて3をのせ、刻みねぎ適量、卵黄1個分をのせる。

酒の肴にぴったり！

NO.068 たこの竜田揚げ

1～2人分

1 ボウルにゆでたこ200g(一口大に切る)、焼き肉のたれ大1½、マヨ小2、おろしにんにく・おろししょうが各小½を入れて混ぜ、30分以上漬ける。

2 片栗粉大3をまぶし、油大4を熱したフライパンで揚げ焼きにする。

POINT! 表面がカリッとするまで揚げ焼きにする。

NO.069 たこの塩から揚げ

歯ごたえが最高！

1～2人分

1 ボウルにゆでたこ100g(小さめの一口大に切る)、鶏ガラの素・白だし・おろしにんにく各小½を入れて混ぜる。

2 片栗粉大3をまぶし、油大6を熱したフライパンでカラッと揚げる。

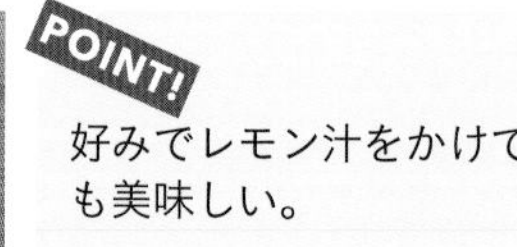

POINT! 好みでレモン汁をかけても美味しい。

NO. 070 たこのにんにくソテー

1～2人分

1 ゆでたこ100g(薄切り)をオリーブ油小1であえる。

2 フライパンにバター5gを弱火で溶かし、にんにく1片(薄切り)、1を炒める。

3 麺つゆ小1/2、黒こしょう少々を加えて軽く炒め、大葉1枚(せん切り)をのせる。

NO. 071 ホタテの竜田揚げ

1～2人分

1 ボウルにベビーホタテ200g(水気をふく)、焼き肉のたれ大2、おろしにんにく・おろししょうが各小1/2を入れ、混ぜる。

2 片栗粉大3をまぶし、油大4を熱したフライパンで揚げ焼きにする。

焼き肉のたれを使えば簡単に味が決まる。

NO. 072 プリップリのホタテから揚げ

1～2人分

A 醤油大1、酒・みりん・砂糖・鶏ガラの素各小1、おろしにんにく・おろししょうが各小1 1/2

1 ボウルにホタテ200g、Aを入れて混ぜ、20分おく。

2 片栗粉大2をまぶし、油大4を熱したフライパンできつね色になるまで弱火で揚げ焼きにする。

好みで青のり、レモン汁をかけてどうぞ。

やる気TIPS

油から引き上げたらしっかり油を切るのが、揚げ物をべちゃっとさせないコツ。

NO. 073 水菜とツナの醤油あえ

1～2人分

1 水菜100gをさっとゆで、水気を絞って一口大に切り、ボウルに入れる。

2 1にツナ1缶(70g)、醤油小1、ごま油・白ごま各小½を加えてあえる。

POINT! 味が薄かったら醤油は大さじ1でもOK。4日ほど冷蔵保存可能。

NO. 074 麺つゆとバターのえのきベーコン巻き

1～2人分

1 えのき1袋(根元を切り落としてほぐす)をベーコン6枚で巻く。

2 フライパンにバター20gを弱火で溶かし、1を両面焼く。

3 麺つゆ大2を加えてからめ、火を止め、ふたをして20秒ほどおく。器に盛って大葉1枚(刻む)をのせる。

POINT! 一味や柚子こしょうをかけても◎。串で刺して焼いてもよし。

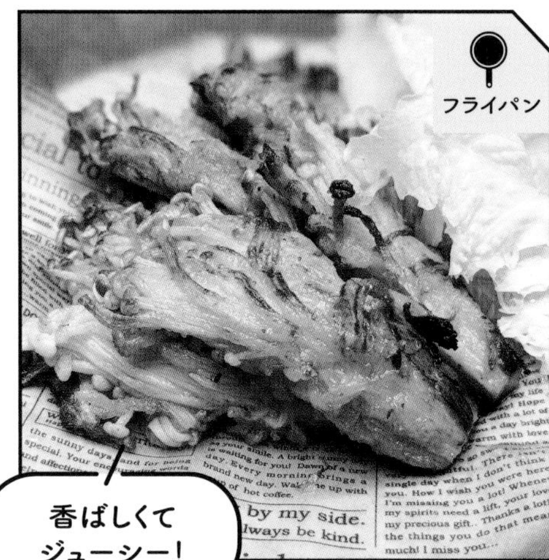

NO. 075 フライドえのき

1～2人分

1 えのき1袋(根元を切り落として数束に分ける)に麺つゆ大2、おろしにんにく小1をあえ、片栗粉・小麦粉各大2をまぶす。

2 フライパンに油大4を熱し、きつね色になるまで揚げ焼きにする。

POINT! えのきは束がバラバラにならないように切る。

NO. 076 塩昆布とラー油のアボカド

1〜2人分

アボカド1個（皮と種を取って一口大に切る）を器に盛り、塩昆布小1（5g）をのせ、ごま油小½、ラー油適量をかける。

POINT! ごま油とラー油を加えることでより豊かな味に。

NO. 077 アボカドとトマトの麺つゆあえ

1〜2人分

ボウルにアボカド1個（皮と種を取り一口大に切る）、トマト1個（一口大に切る）、麺つゆ大2、ごま油小1、白ごま適量を入れ、よくあえる。刻みねぎ適量をかける。

POINT! ごま油をオリーブ油に、ねぎを粉チーズに替えても◎。

NO. 078 悪魔的に美味！無限アボカド

1〜2人分

1 ごま油小2、鶏ガラの素小½を混ぜる。

2 アボカド1個（皮と種を取り一口大に切る）を器に盛り、1をかけ、白ごま2つまみをふる。

POINT! 好みでラー油を加えても美味しい。

やる気TIPS

トースター加熱時に焦げが気になる場合は途中でアルミホイルをかぶせると◎。

NO. 079 絶品! 生ハムアボカドバーガー

1～2人分

1 マヨ大1、黒こしょう少々を混ぜる。

2 アボカド1個(半分に切って皮と種を取る)にクリームチーズ1個(1㎝角に切る)、生ハム3～5枚を交互にのせ、1をかけてアボカドで挟む。

POINT! ペーパーで包んでハンバーガーのようにかぶりついて。

NO. 080 明太子チーズアボカド

トースター

あっという間に
完食!

1～2人分

1 明太子20g(細かく刻む)、マヨ大1、麺つゆ小1をあえる。

2 アボカド1個(半分に切って種を取る)に1を詰め、ピザ用チーズ20gをのせてトースターでチーズに焼き色がつくまで焼き、黒こしょう少々をふる。

NO. 081 ピーマンの味噌チーズ納豆詰め

1～2人分

1 納豆2パックにごま油小1、味噌小2を混ぜる。

2 ピーマン3個(縦半分に切って種を取る)の中に1を詰め、スライスチーズ2枚(3等分に切る)を等分にのせる。

3 トースターでチーズが溶けるまで表面を焼く。

POINT! 余った納豆のたれを最後にかけても美味。

NO. 082 無限わかめきゅうりナムル

1～2人分

1 乾燥わかめ大1を水でもどす。

2 袋にきゅうり1本(一口大の乱切り)、1、ごま油・鶏ガラの素各小1、白ごま適量を入れてなじませ、一晩おく。

一晩おいて味をよくしみ込ませる。

NO. 083 とまらない！きゅうりもやしナムル

1～2人分

1 容器にもやし½袋(100g)を入れ、ラップをして3分チン。冷水で冷やして水気をきる。

2 きゅうり1本(細切り)、1、鶏ガラの素小½、ごま油・ポン酢各小1、白ごま適量をあえる。

もやしの水気をよくきってからあえる。

NO. 084 トマトときゅうりのさっぱりマリネ

1～2人分

1 ポン酢・砂糖・レモン汁各小1、オリーブ油小2を混ぜる。

2 トマト1個(一口大に切る)、きゅうり1本(一口大の乱切り)をボウルに入れ、1を加えて軽く混ぜ、黒こしょう適量をふる。

きゅうりはしっかり食感を味わえるよう乱切りに。

やる気TIPS

ピザ用チーズは小分けにして冷凍しておけば、必要なときにさっと使えて便利。

NO. 085

チーズ玉ねぎチヂミ

生地がふっくら
もちもち!

1〜2人分

1 ボウルに玉ねぎ½個(薄切り)、ピザ用チーズ50g、片栗粉・小麦粉各大2、卵1個、鶏ガラの素小1、水大2を入れて混ぜる。

2 フライパンにごま油小1を熱し、1を広げて両面に焼き色がつくまで焼く。

一口大に切り、麺つゆやポン酢をつけてどうぞ。

NO. 086

チーズスンドゥブ風

キムチで
ちょい辛に!

1〜2人分

1 鍋に水500mℓを入れて火にかけ、沸騰したらえのき40g(根元を切ってほぐす)、味噌・鶏ガラの素・酒各大1を加えて混ぜ、弱火で煮る。

2 キムチ150g、ニラ40g(3cm長さに切る)、木綿豆腐1丁300g(一口大に切る)、にんにく1片(薄切り)を加え、さらに煮る。

3 火を止め、卵1個、ピザ用チーズ50gを加える。

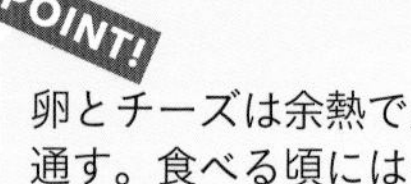

卵とチーズは余熱で火を通す。食べる頃にはチーズがとろり。

NO. 087

レンジで超簡単!
極うま担々豆腐

ヘルシーだけど
大満足!

1人分

A 水大3、醤油小2、酒・豆板醤・ごま油・鶏ガラの素・おろしにんにく・おろししょうが各小1、砂糖小½、鷹の爪1本(輪切り)

1 耐熱ボウルに鶏ひき肉100g、**A**を入れて混ぜ、ラップをして3分チン。

2 絹ごし豆腐½丁(150g)を器に盛って1をかけ、刻みねぎ・もみのり・ラー油各適量をかける。

POINT!

レンチン後、よく混ぜて肉をほぐす。

NO. 088 生ハム冷奴

ステーキのようなインパクト!

1人分

1 絹ごし豆腐½丁150g(半分に切る)を器に盛り、オリーブ油大1をかける。

2 生ハム5～7枚を上にのせ、黒こしょう・パセリ各適量をかける。

生ハムは1枚ずつ広げて豆腐を覆うようにかぶせる。

NO. 089 豆腐ユッケ

3分でつくれるお手軽レシピ!

1人分

1 麺つゆ大1½、ごま油・コチュジャン各小1、白ごま適量を混ぜる。

2 絹ごし豆腐½丁150g(一口大に切る)を器に盛って1をかけ、刻みねぎ適量、卵黄1個分をのせる。

にんにく、しょうがをたれに混ぜるのもおすすめ。

NO. 090 悪魔的にうまい豆腐タッカルビ風

レンジ

チーズ×キムチの最強コンビ!

1人分

1 キムチ30g、鶏ガラの素小⅓、ごま油・コチュジャン各小½を混ぜる。

2 耐熱皿に絹ごし豆腐½丁(150g)を入れ、1、ピザ用チーズ30gをのせ、ラップをして2分チン。刻みねぎ適量をのせる。

豆腐をくずしてチーズとからめながら食べて。

やる気TIPS

使いきれなかった豆腐は保存容器に入れ、かぶるくらいの水を入れて冷蔵庫へ。

NO. 091 生ハム豆腐カルパッチョ

1〜2人分

1 生ハム60gの上に絹ごし豆腐½丁150g(水気をふき6等分に切る)、スライスチーズ1枚(6等分に切る)をのせて包む。

2 オリーブ油大1、おろしにんにく小½を混ぜて1にかけ、レモン汁・黒こしょう・粉チーズ各適量をかける。

NO. 092 悪魔の揚げ出し麻婆豆腐

1〜2人分

A 水100mℓ、味噌大1、焼き肉のたれ・豆板醤・ごま油各小1、おろしにんにく小½

1 耐熱ボウルに合いびき肉80g、Aを入れて混ぜ、ラップをして5分チン。

2 油大3を熱したフライパンで木綿豆腐½丁150g(水気をふき一口大に切る)を揚げ焼きにする。

3 豆腐を器に盛って1をかけ、刻みねぎ・刻みのり各適量をのせる。

POINT! レンチン後よく混ぜ、ひき肉をほぐす。

NO. 093 よだれ豆腐

1人分

A 焼き肉のたれ大2、ごま油大1、白ごま適量、豆板醤小1、おろしにんにく・おろししょうが各小½

1 白ねぎ20cm(みじん切り)、Aを混ぜる。

2 器に絹ごし豆腐½丁150g(1cm角に切る)を盛り、1をかけて刻みのり適量をのせる。

POINT! 余ったたれをご飯にかけて食べるとうまい背徳飯に。

NO. 094 チーズキンパ風温奴

1人分

1 耐熱皿に絹ごし豆腐½丁150g(一口大に切る)を入れ、スライスチーズ2枚、キムチ80gをのせてごま油小2をかけ、1分半チン。

2 刻みのり適量、卵黄1個分をのせる。

POINT! のりは入れれば入れるほど美味しい。

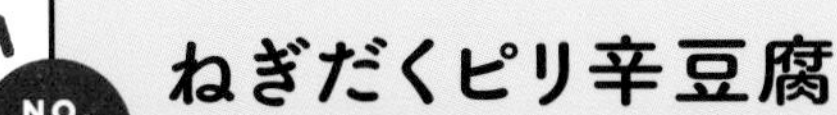

NO. 095 ねぎだくピリ辛豆腐

1人分

A 麺つゆ・ごま油各小1、豆板醤・おろしにんにく・おろししょうが各小½、白ごま適量

1 白ねぎ20cm(みじん切り)、Aを混ぜる。

2 絹ごし豆腐½丁150gを器に盛って1をかけ、白ごま適量をかける。

POINT! 好みでラー油をかけるとピリ辛でよりお酒がすすむ。

NO. 096 きゅうりと塩昆布のごま油冷奴

1人分

1 袋にきゅうり½本(細切り)、塩昆布大1、ごま油小1を入れてなじませ、10分おく。

2 絹ごし豆腐½丁150gを器に盛り、1をのせて白ごま適量をかける。

POINT! 塩昆布の塩気できゅうりがほどよくしんなり。

やる気TIPS

冷奴や温奴は、いつもと豆腐の切り方を変えてみても楽しい!

NO. 097 悪魔のごまだれ豚豆腐

1～2人分

1. 沸騰した湯で豚こま肉100gをさっとゆで、水気をきる。
2. 1にポン酢大2、ごま油小2、おろしにんにく小½をあえる。
3. 絹ごし豆腐½丁150g(一口大に切る)を器に盛って2をのせ、白ごま・刻みねぎ各適量をかける。

NO. 098 うま辛生ハム豆腐

1人分

1. 絹ごし豆腐½丁150g(６等分に切る)を生ハム80gで巻く。
2. ごま油大1、コチュジャン・おろしにんにく・おろししょうが各少々を混ぜる。
3. 1を器に盛って2をかけ、刻みねぎ・白ごま各適量をかける。

POINT! 切った豆腐を１個ずつ生ハムで包み、計６個つくる。

NO. 099 麻婆風冷奴

1人分

A 麺つゆ・水各大１、ごま油小１、ラー油・鶏ガラの素各小½

1. 容器に油をきったツナ１缶(70g)、Aを入れて混ぜる。
2. 絹ごし豆腐½丁150g(６等分に切る)を器に盛って1をかけ、白ごま・刻みねぎ各適量をかける。

POINT! 好みでしょうがやにんにくをプラスするのも◎。

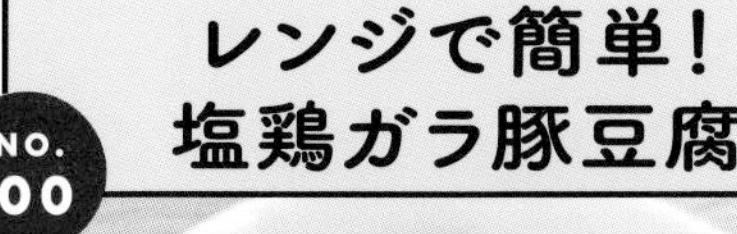

NO. 100 レンジで簡単！塩鶏ガラ豚豆腐

1人分

1 ボウルに豚こま肉100g、塩小¼、おろしにんにく・鶏ガラの素各小1、黒こしょう適量を入れて混ぜる。

2 容器に絹ごし豆腐½丁150g(一口大に切る)、1を入れ、ラップをして5分チン。黒こしょう・刻みねぎ各適量をかける。

POINT! 加熱ムラがないように豚肉は1枚ずつ広げて入れる。

NO. 101 ごまラー油豆腐

1〜2人分

A 麺つゆ大2、ごま油小1、すりごま大1、おろしにんにく・おろししょうが各小½

1 Aを混ぜ合わせる。

2 絹ごし豆腐½丁150g(6等分に切る)を器に盛って1をかけ、刻みねぎ・刻みのり各適量をのせ、ラー油適量をかける。

POINT! しょうがをさらに足して食べるのもおすすめ。

NO. 102 きゅうりとツナと塩昆布の旨み豆腐

1人分

1 袋にきゅうり½本(細切り)、ツナ1缶(70g)、塩昆布大1、麺つゆ小1、ごま油小2を入れてなじませ、10分漬ける。

2 絹ごし豆腐½丁150g(6等分に切る)を器に盛り、1をかけて白ごま適量をふる。

POINT! 袋に入れたら軽くもみ込み、調味料を全体に行き渡らせる。

やる気TIPS
ツナ缶の缶汁は調味料。缶汁ごと加えることで、簡単に旨みをプラスできます。

レンジ

短時間で
味がしみる！

NO.103 レンチンするだけ！ 豚肉のうま辛豆腐

1人分

1 醤油・酒各大1、砂糖・ごま油各小1を混ぜる。

2 容器に絹ごし豆腐½丁150g(一口大に切る)、豚こま肉100g、1を入れ、ラップをして5分チン。

好みで白ごま、刻みねぎをかけてどうぞ。

NO.104 レンジで一発！ うま辛豚こま豆腐

1人分

A 焼き肉のたれ大1、コチュジャン・ごま油・鶏ガラの素各小1、おろしにんにく・おろししょうが各小½

1 ボウルに豚こま肉100g、**A**を入れて混ぜる。

2 容器に絹ごし豆腐½丁150g(一口大に切る)、1を入れ、ラップをして5分チン。白ごま・刻みねぎ各適量をかける。

加熱ムラを防ぐため、肉は重ならないように広げて入れる。

NO.105 マッシュポテトの 生ハム包み

2〜3人分

1 容器にじゃがいも3個(皮をむいて小さく切る)、牛乳50mℓを入れて混ぜ、ラップをして8分チン。

2 じゃがいもをつぶし、顆粒コンソメ小1を加えてよく混ぜ、冷やす。

3 2を適当な大きさに丸めて生ハム100gで包み、塩・黒こしょう各適量をふり、オリーブ油・パセリ各適量をかける。

NO.106 究極のうま辛フライドポテト

2〜3人分

1 じゃがいも3個(皮をむいて棒状に切る)を水に10分さらし、水気をふく。

2 小麦粉大2をまぶし、油大4を熱したフライパンできつね色になるまで揚げ焼きにする。

3 油をきり、鶏ガラの素小1、コチュジャン・マヨ各大1、白ごま適量であえる。

POINT! 袋にじゃがいもと小麦粉を入れ、袋の中でまぶすとラク。

NO.107 激うまのじゃがいもとにんじんのかき揚げ

1〜2人分

1 ボウルに小麦粉大4、片栗粉大2、塩小1を入れて混ぜ、水100mℓを数回に分けて加え、溶かしながら混ぜる。

2 じゃがいも2〜3個200g(細切り)、にんじん1本(細切り)を1に加える。

3 2をお玉ですくって形を整え、油大4を弱火で熱したフライパンで両面に焼き色がつくまで揚げ焼きにする。

NO.108 超絶品!ポテトグラタン

2〜3人分

1 容器にじゃがいも3個(皮をむいて1cm幅に切る)、牛乳大2、顆粒コンソメ小1を入れて混ぜ、ラップをして6分チン。塩少々を混ぜる。

2 フライパンにバター10gを溶かし、ピザ用チーズ80gを広げて焼く。

3 2の上に1を広げて並べ、チーズに焼き色がつくまで焼く。パセリ適量をかける。

POINT! 焼き色がついたチーズ面が上になるように盛りつける。

やる気TIPS
じゃがいもを水にさらすとアクが抜け、くっつきにくくなり、カリッとした食感に。

NO. 109

本気の ジャーマンポテト

バターと麺つゆで風味豊か!

1～2人分

1 容器にじゃがいも2個(皮をむいて一口大に切る)、水大1を入れ、ラップをして3分チン。

2 フライパンにバター10gを溶かし、ウインナー3本(一口大に切る)、おろしにんにく1片分を炒める。

3 1、麺つゆ大1、塩少々、黒こしょう適量を加えて煮からめる。パセリ適量をかける。

POINT!

じゃがいもはチンして火を通しておくと時短に。

NO. 110

揚げずに簡単! 和風ハッシュドポテト

白だしの風味が最高!

1～2人分

1 容器にじゃがいも2個(皮をむいて角切り)、水大1を入れ、ラップをして8分チン。

2 1をつぶし、白だし小2、顆粒だし小⅓、片栗粉大1を加えて混ぜる。

3 一口大の小判形に成形し、油大3を熱したフライパンで両面に焼き色がつくまで揚げ焼きにする。

NO. 111

悪魔のツナマヨ じゃがバター

レンジ

超ホックホク!

2人分

1 じゃがいも2個(洗って十字に切れ目を入れる)を濡らしたペーパータオルで包み、容器に入れ、ラップをして4分チン。

2 ツナ1缶(70g)、マヨ大1、黒こしょう適量を混ぜ、じゃがいもの切り目の中に入れる。

3 バター適量をのせ、パセリ適量をかける。

POINT!

ツナマヨと溶けたバターをからめながら食べて。

NO. 112

至福のバターチーズいも餅

1～2人分

1 容器にじゃがいも250g(皮をむいて小さく切る)、牛乳大1を入れ、ラップをして5分チン。

2 じゃがいもをつぶして小麦粉大2を混ぜ、6等分にしてピザ用チーズ30gを等分に中に入れて丸める。

3 油小1を熱したフライパンで両面に焼き色がつくまで焼いたら、醤油・みりん各小2、砂糖小½を加えて煮からめる。器に盛ってバター10gをのせる。

POINT! いも餅の熱でゆっくりバターが溶けていく。

NO. 113

無限に食べられるじゃがチヂミ

2～3人分

1 容器にじゃがいも200g(皮をむいて細かく刻む)、水大1を入れ、ラップをして5分チン。

2 ボウルに1、玉ねぎ½個(薄切り)、鶏ガラの素小1、小麦粉大3を入れて混ぜる。

3 フライパンにごま油小1を熱し、2を広げて両面に焼き色がつくまで焼く。一口大に切り、ポン酢適量を添える。

POINT! 好みで刻みのりをかけ、ポン酢をつけて食べる。

NO. 114

チーズうま辛肉じゃが

1～2人分

A 醤油・酒各大1、砂糖小2、豆板醤小1、黒こしょう適量

1 容器にじゃがいも2個(皮をむいて一口大に切る)、水大1を入れ、ラップをして5分チン。

2 フライパンに油小1を熱し、豚こま肉100g、おろししょうが小½を入れて炒める。

3 1を加え、Aを加えて煮る。弱火にしてピザ用チーズ50gを加えて溶かし、パセリ適量をかける。

POINT! じゃがいもはチンで加熱済みなので煮る時間が短くて済む。

やる気TIPS

じゃがいもをレンチン加熱するときは、濡らしてからラップでふんわり包むと◎。

NO. 115 究極のじゃがいもカルボナーラ

1人分

1. 容器にじゃがいも1個(皮をむいて一口大に切る)、水大1を入れ、ラップをして4分チン。
2. 耐熱ボウルに1、ベーコン30g(細切り)、牛乳100mℓ、ピザ用チーズ30g、顆粒コンソメ小½を入れ、ラップをして2分チン。黒こしょう・パセリ各適量をかける。

POINT! 牛乳がふきこぼれないように、ボウルか深さのある皿を使って。

NO. 116 悪魔の焼きのり塩ポテト

1〜2人分

A マヨ・青のり各小1、鶏ガラの素小½、塩小¼、黒こしょう適量

1. 容器にじゃがいも2個(皮をむいて縦に8等分に切る)、水大1を入れ、ラップをして4分チン。
2. フライパンに油大1を熱し、1を炒める。
3. 焼き色がついたら、Aを加えてからめる。

POINT! じゃがいもはチンで中に火が通っているので焼き色がつけばOK。

NO. 117 ツナマヨマッシュポテト

2〜3人分

1. 容器にじゃがいも2個(皮をむいて小さく切る)、水大1を入れ、ラップをして8分チン。
2. じゃがいもをつぶし、オリーブ油大1、顆粒コンソメ小1、塩少々を加えて混ぜる。
3. 油をきったツナ1缶(70g)、マヨ大1を加えて混ぜ、黒こしょう・パセリ各適量をかける。

POINT! つぶしたじゃがいもに味をつけてからツナマヨを混ぜる。

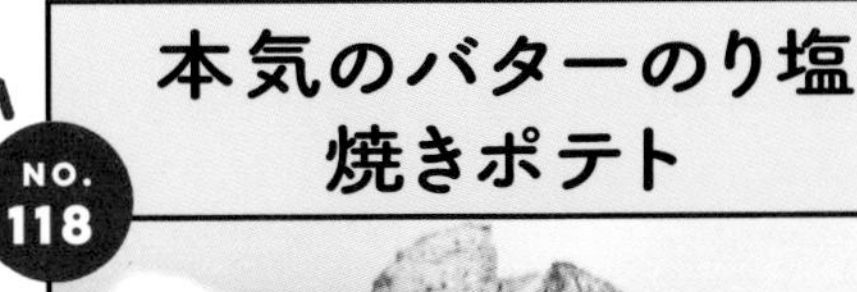

NO.118 本気のバターのり塩焼きポテト

1～2人分

A 鶏ガラの素・青のり・おろしにんにく各小1、塩小¼、黒こしょう適量

1 容器にじゃがいも250g(皮をむいてくし形切り)、水大1を入れ、ラップをして5分チン。

2 1にAを混ぜる。

3 フライパンにバター20gを溶かし、2を焼き色がつくまで炒める。

POINT! じゃがいもは食べやすいよう細めのくし形切りに。

NO.119 超絶品！悪魔のヤンニョム長いも

1～2人分

1 長いも200g(皮をむいて一口大に切る)に片栗粉大2をまぶす。

2 フライパンに油大2を熱して長いもを炒め、表面に焼き色をつける。

3 焼き肉のたれ・ケチャップ・コチュジャン各大1を加えてからめ、火を止めて白ごま適量を混ぜる。

NO.120 山いもキムチナムル

1～2人分

1 山いも80g(短冊切り)に麺つゆ小1、ごま油小½をあえ、好みでラー油適量をかける。

2 キムチ30gに白ごま少々をあえ、器に盛った1の上にのせる。

POINT! 刻みのりをかけたり、のりで巻いて食べても。

やる気TIPS
ちくわは安くてボリュームアップにもつながる優秀食材。加熱済みなのも嬉しい。

NO.121 じゃがちくわのチーズ肉巻き

1人分

1 容器にじゃがいも2個(皮をむいて小さく切る)を入れ、ラップをして4分チンし、つぶす。

2 ちくわ3本(縦に1本切れ目を入れる)の中に1、ピザ用チーズ20gを入れ、豚バラ薄切り肉160gで巻く。

3 片栗粉大1をまぶし、油小1を熱したフライパンで焼く。肉に火が通ったら、麺つゆ小2、顆粒だし小½を加えてからめる。

POINT! ちくわに切り目を入れて輪を開き、じゃがいも、チーズを均等に入れる。

NO.122 ヤンニョムチーズちくわ

1〜2人分

A | 醤油・ケチャップ・コチュジャン各小1、ごま油小½、白ごま適量

1 ちくわ5〜7本の中にさけるチーズ1〜2本(さく)を等分に入れ、一口大に切る。

2 Aを混ぜて1とあえ、刻みねぎ適量をのせる。

POINT! ちくわの本数に合わせてチーズを均等にさいて入れる。

NO.123 ちくわのから揚げ

2人分

1 ちくわ10本(斜めに半分に切る)に鶏ガラの素小1、麺つゆ大1、おろしにんにく小½をあえる。

2 片栗粉大2をまぶし、油大6を熱したフライパンでカラッと揚げ焼きにする。

POINT! ちくわの表面がきつね色になればOK。

NO. 124

餃子アヒージョ

2〜3人分

1 フライパンを弱火と中火の間で熱し、オリーブ油大1、冷凍餃子12個を入れ、ふたをして2分半焼く。

2 弱火にしてオリーブ油大3、にんにく3片、鷹の爪½本（輪切り）を加え、ふたをして2分半蒸す。

3 麺つゆ大1を加え、再びふたをして1分加熱し、パセリ・黒こしょう各少々をふる。

NO. 125

餃子の皮でブリトー風

4本分

1 餃子の皮8枚を少しずらして2枚ずつ並べる。重なる部分は水少々をつける。

2 ハム4枚、大葉4枚、さけるチーズ4本を均等にのせて黒こしょう少々をふり、巻く。巻き終わりは水をつけて貼り付ける。

3 フライパンに油小1を熱し、弱火で表面を焼く。容器に入れ、1分チン。

NO. 126

チキンラーメンで超絶品ラー飯

1人分

1 チキンラーメン1袋を袋に入ったまま細かく砕く。

2 フライパンにごま油小1を熱し、豚薄切り肉80gを炒め、玉ねぎ½個（みじん切り）を加えてさらに炒める。

3 水100㎖を加え、沸騰したら1を入れる。水分がなくなったら、ご飯150g、鶏ガラの素小½を加えて混ぜ、黒こしょう・刻みねぎ各適量も混ぜる。卵黄1個分をのせる。

ラーメンに味がついているので調味料は最小限に。

やる気TIPS
餃子の皮は使い道色々！数枚ずつ小分けにして冷凍保存しておけば重宝します。

NO. 127 はちみつチーズバター餅

2人分

1 容器に切り餅3個、牛乳大3、ピザ用チーズ15g、バター20gを入れ、ラップをして2分半チン。

2 1に砂糖大3、卵黄1個分、片栗粉大2を加えて混ぜ、よくこねて一口大に分ける。はちみつ適量をかける。

POINT! 餅はレンジで加熱すれば簡単に柔らかくなる。

NO. 128 悪魔のツナユッケ

2人分

1 容器に油をきったツナ2缶(140g)、焼き肉のたれ小2、ごま油・コチュジャン各小1を入れ、よく混ぜる。

2 器に盛って卵黄1個分をのせ、刻みねぎ・白ごま各適量をかける。

POINT! おろしにんにく小½を加えるとより風味がアップ。

NO. 129 生ハム花とさけるチーズのオリーブオイルがけ

1人分

1 さけるチーズ1本をさく(細切りスライサーを使用すると見栄えがよい)。

2 器に生ハム70gを花のように盛り、1、ミックスサラダ適量を添え、オリーブ油大1をかける。

POINT! 100円ショップ(ダイソー)のスライサー(細切り)を使用。

NO.130 生ハム餃子

8個分

生ハム80gの上にアボカド½個（皮と種を取って一口大に切る）、ベビーチーズ1パック4個（細切り）を均等にのせて巻き、ごま油少々、ラー油2〜3滴、黒こしょう少々をかける。

POINT!
生ハムを8等分に分けてアボカド、チーズをのせて巻く。

NO.131 究極の一品！生ハムユッケ

1〜2人分

1 生ハム80g（細切り）にごま油小½、豆板醤小⅓、おろしにんにく・おろししょうが各少々、白ごま適量をあえる。

2 器に盛り、大葉適量を添え、卵黄1個分をのせる。

POINT!
卵黄をくずしてからめながら食べて。

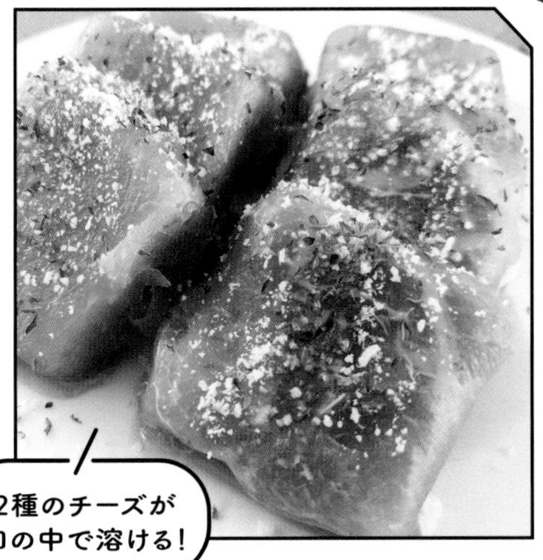

NO.132 Wチーズの生ハム包み

6個分

1 生ハム100g（6枚）の上にクリームチーズ6個をのせ、黒こしょう適量、レモン汁少々をかけて包む。

2 オリーブ油小1をかけ、粉チーズ・パセリ各適量をかける。

POINT!
クリームチーズは1個＝16.3gのものを使用。

やる気TIPS
お正月に残ったままのお餅はアレンジしてみると、新しい味わいが楽しめます。

アボカドクリームチーズの生ハム包み

NO. 133

2人分

生ハム80gの上にアボカド1個（皮と種を取って一口大に切る）、クリームチーズ3個（適当な大きさに切る）を均等にのせて包み、オリーブ油小1、黒こしょう適量をかける。

POINT! クリームチーズは1個＝16.3gのものを使用。

生ハムとカマンベールチーズのオリーブオイル漬け

NO. 134

2〜3人分

1 オリーブ油大3、酢・砂糖各小1、おろしにんにく小½を混ぜる。

2 袋に生ハム100g、カマンベールチーズ6個（90g）、1を入れてなじませ、一晩漬ける。

3 器に盛り、黒こしょう・パセリ各適量をかける。

POINT! 袋に入れたら、軽くもみ込んで調味料を行き渡らせる。

超絶品！トマトと生ハムの無限マリネ

NO. 135

1〜2人分

1 オリーブ油大1、レモン汁・砂糖各小1を混ぜる。

2 容器にトマト中1個（一口大に切る）、生ハム80g、1を入れてあえ、10分おく。

3 器に盛り、黒こしょう・粉チーズ各適量をかける。

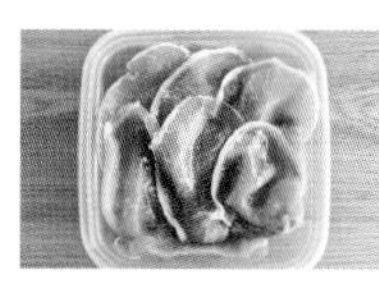

POINT! 食べるときはトマトと生ハムを一緒にどうぞ。

NO.136 カマンベールチーズのベーコン巻き

チーズを丸ごと包むだけ！

1～2人分

1 カマンベールチーズ6個(90g)をベーコン3枚で巻き、黒こしょう少々をかける。

2 アルミ箔を下に敷き(包まない)、トースターで3～5分焼き色がつくまで焼く。

オリーブ油をかけても美味しい。

NO.137 ペペロン厚切りベーコン

フライパン

肉厚なベーコンが食べごたえ◎！

1～2人分

1 フライパンにオリーブ油小1を熱し、厚切りベーコン150g(1㎝角に切る)を焼き色がつくまで焼く。

2 弱火にして麺つゆ大1、鷹の爪1本(輪切り)、顆粒だし小½を加え、からめる。黒こしょう適量をふる。

ベーコンから脂が出るので少量の油でカリッと焼ける。

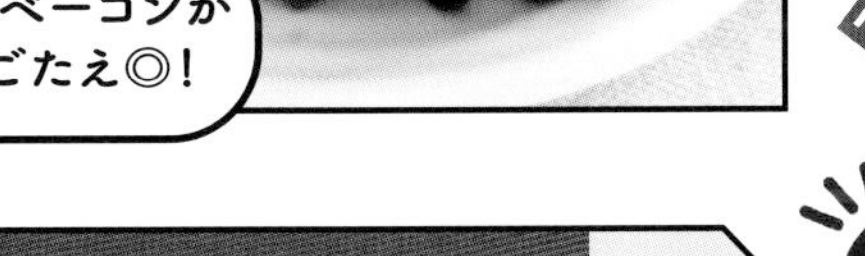

NO.138 ポン酢で最強ウインナー炒め

酸味が最高にマッチ

1～2人分

1 フライパンにオリーブ油小1を熱し、弱火でウインナー5～6本(切り込みを入れる)、にんにく1片(薄切り)を炒める。

2 キャベツ3～5枚(ざく切り)、玉ねぎ1個(ざく切り)、ポン酢大2、砂糖小1を加え、よく炒める。刻みねぎ適量をかける。

ウインナーに焼き色とにんにく風味をつけてから野菜を加える。

やる気TIPS

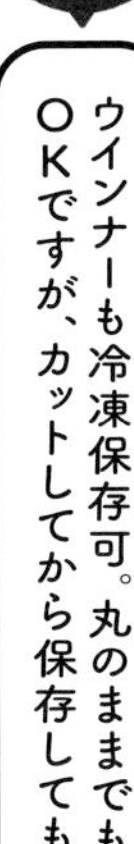

NO.139 うま辛ウインナー

1～2人分

1 フライパンにごま油小1を熱し、ウインナー5本（縦半分に切って切り込みを入れる）を焼き色がつくまで炒める。

2 弱火にしてコチュジャン・みりん各小1、白ごま適量を加え、からめる。

POINT! コチュジャンが焦げないように弱火にしてから混ぜる。

NO.140 レモンガーリックペッパーウインナー

1～2人分

1 フライパンにバター10gを溶かし、ウインナー7本（縦半分に切って切り込みを入れる）を焼き色がつくまで炒める。

2 レモン汁小½、おろしにんにく小1、黒こしょう適量を加え、からめる。

POINT! ひと工夫でウインナーにおかず感がアップ。

NO.141 至高のウインナーペペロンチーノ

1～2人分

1 フライパンにバター10gを溶かし、ウインナー6本（縦半分に切って切り込みを入れる）、にんにく1片（薄切り）を炒める。

2 弱火にして鷹の爪1本（輪切り）、麺つゆ小1、顆粒だし小¼、黒こしょう適量を加えてからめる。

POINT! ウインナーに焼き色がついたら調味料を加える。

Motivation is 1%

PART 04

ワンプレートで テンションMAX

ペロリといける絶品ご飯もの、50品をえりすぐり！
ランチや夜食にささっとつくって食べたい一皿完結のものから
ごちそう感のあるものまで、幅広く集めました。

NO. 142 絶品ねぎ玉の牛丼

1人分

A 水100mℓ、醤油大2、みりん・酒各小1、砂糖小2、顆粒だし小½

1 油小1を熱したフライパンで牛薄切り肉120g(2cm幅に切る)を炒め、火が通ったら玉ねぎ¼個(薄切り)を加えて炒める。

2 弱火にし、**A**を加えて煮る。

3 器に盛ったご飯1膳の上に2をのせ、刻みねぎ適量をふり、卵黄1個分をのせる。

NO. 143 本気の親子丼

1人分

A 水100mℓ、醤油・酒各大1½、白だし小1、みりん大1、砂糖小2、顆粒だし小½

1 油小1を熱したフライパンで鶏むね肉150g(一口大に切る)を焼き色がつくまで炒める。

2 弱火にして酒大1½を加え、ふたをして3～4分ほど蒸す。玉ねぎ¼個(薄切り)を加えて炒め、**A**を加えて煮る。

3 溶き卵2個分を回しかけ、30秒ほど火を入れて、器に盛ったご飯1膳にのせる。

POINT! 好みでかいわれ大根などをのせても◎。

NO. 144

究極の鶏ねぎめし

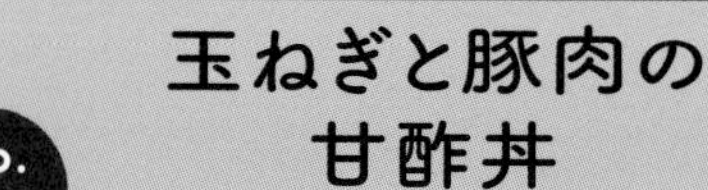

1人分

1 フライパンにごま油小1を熱し、鶏もも肉120g(一口大に切る)を焼く。

2 片面が焼けたら、弱火にして酒大1、鶏ガラの素・白だし各小½、水大3を加えて3〜4分ほど煮る。白ねぎ40g(斜め薄切り)、黒こしょう適量を加えて炒める。

3 器に盛ったご飯1膳に2をのせ、卵黄1個分をのせる。

POINT! 卵黄をくずしてからめながらどうぞ。

NO. 145

玉ねぎと豚肉の甘酢丼

玉ねぎの甘みが
甘酢とからむ!

1人分

A | 醤油・片栗粉各大1、みりん小2、砂糖・酢各小1、おろしにんにく・おろししょうが各小½

1 ボウルに豚こま肉120g、Aを入れ、混ぜる。

2 フライパンに油小1を熱し、1を炒める。軽く焼き色がついたら、玉ねぎ¼個(粗みじん切り)を加えて炒める。

3 火を止めて白ごま大1を加え、ご飯1膳の上にのせる。

POINT! 豚バラ肉でもOK。丼にせず、おかずとして食べても◎。

NO. 146

悪魔の豚バラのジャポネチーズ煮込み丼

玉ねぎの旨みが
肉にしみ込む!

1人分

1 玉ねぎ½個(すりおろす)、焼き肉のたれ大1、醤油・砂糖各小2、酒小1を混ぜる。

2 フライパンに油小1を熱し、豚バラ薄切り肉80gを焼き色がつくまで炒める。

3 油をふき、1、ピザ用チーズ30gを加え、ふたをして弱火で30秒ほど加熱する。ご飯1膳の上にのせる。

チーズが溶けたら完成。好みでパセリをかけて。

やる気TIPS

さっとつくって食べられる丼メニューは、忙しいときの味方。具は濃いめの味つけに。

NO. 147 究極のレタス豚丼

1人分

A 焼き肉のたれ大1、ごま油・砂糖・片栗粉各小1

1 容器に豚こま肉100g、Aを入れて混ぜ、ラップをして3分半チン。

2 ご飯1膳の上にレタス2〜3枚(一口大にちぎる)、1をのせ、白ごま適量をふり、卵黄1個分をのせる。

NO. 148 豚バラと玉ねぎのねぎ塩丼

1人分

A 麺つゆ・鶏ガラの素・おろしにんにく各小½、塩少々、黒こしょう適量、レモン汁小1

1 フライパンに油小1を熱して豚バラ薄切り肉100gを炒め、火が通ったら玉ねぎ¼個(みじん切り)を加えて炒める。

2 肉に焼き色がついたら、Aを加えてからめる。

3 ご飯1膳の上にのせ、刻みねぎ適量をかける。

豚肉はカリッとするまでしっかり焼き色をつける。

NO. 149 レンジで簡単! 豚こまバター丼

1人分

1 容器に豚こま肉120g、玉ねぎ¼個(薄切り)、醤油・みりん各小2、砂糖・顆粒だし各小1を入れて混ぜ、ラップをして5分チン。

2 ご飯1膳の上にのせてバター10g、卵黄1個分をのせ、白ごま適量をふる。

熱で溶けたバターと卵黄をからめながらどうぞ。

NO. 150 和風ヤンニョム ウインナー丼

1人分

A 麺つゆ小1、顆粒だし小½、ケチャップ大1、コチュジャン小2、白ごま適量

1 フライパンにごま油小1を熱し、ウインナー5本(斜めに切る)を炒める。

2 焼き色がついたら、Aを加えてからめる。

3 ご飯1膳の上にのせ、卵黄1個分をのせる。

POINT! 調味料はあらかじめ混ぜておくとよい。

NO. 151 ポン酢で豚しゃぶ丼

1人分

1 豚こま肉100gと酒小1を混ぜ、沸騰した湯でさっとゆでて水気をきる。

2 1とポン酢大2、鶏ガラの素小⅓、ごま油小1、砂糖小½をあえる。

3 ご飯1膳の上にのせ、白ごま・刻みねぎ各適量をかける。

POINT! 豚肉の水気をよくきって調味料とあえる。

NO. 152 簡単豚しゃぶ キムチ丼

1人分

1 豚こま肉100gに酒小1を混ぜ、沸騰した湯でさっとゆでて水気をきる。

2 1にキムチ50g、ごま油小1、おろしにんにく・おろししょうが各小½を加えてあえる。

3 ご飯1膳の上にのせ、卵黄1個分をのせる。

POINT! 肉がかたくならないよう色が変わる程度に火を通す。

やる気TIPS
肉を焼き色がつくまで焼きたいときは、なるべく動かさずにじっくり加熱して。

NO. 153 本気のビビンバ風 冷しゃぶ丼

1～2人分

A 焼き肉のたれ・ごま油・おろししょうが各小1、顆粒だし・おろしにんにく各小½

1. 豚こま肉100gを沸騰した湯でさっとゆで、水気をきって粗熱を取る。
2. 1とキムチ80g、**A**をあえる。
3. ご飯1膳の上にのせ、卵黄1個分、刻みのり適量をのせる。

NO. 154 ウインナー 塩レモンペッパー丼

1人分

1. フライパンにオリーブ油小1を熱し、ウインナー3本（斜め薄切り）を焼き色がつくまで炒める。
2. 塩少々、おろしにんにく小½、黒こしょう適量を加えてからめ、火を止めてレモン汁小1を加える。ご飯1膳の上にのせ、好みでレモンの薄切りをのせる。

フライパン

しょうがのきいた
うまだれ！

NO. 155 超絶品！ 豚肉のしぐれ煮丼

1人分

A 醤油・みりん各大1、砂糖小2、顆粒だし小1、おろししょうが小1½

1. フライパンに**A**を入れ、弱火で温める。
2. 豚こま肉120gを加え、弱火で火が通るまで煮る。ご飯1膳の上にのせる。

好みで白ごまをふってどうぞ。

NO. 156

豚バラスタミナ丼

疲れた日にガツンと食べたい！

1人分

1 油小1を熱したフライパンで豚バラ薄切り肉100g、おろしにんにく・おろししょうが各小½を入れて炒める。

2 キャベツ3～5枚（ざく切り）を加えて炒める。弱火にし、醤油小2、みりん・砂糖各小1、鶏ガラの素小½を加えてからめる。

3 器に盛ったご飯1膳に2をのせ、卵黄1個分をのせる。

POINT! 豚肉に火が通ったらキャベツを入れる。

NO. 157

タイのごま味噌漬け丼

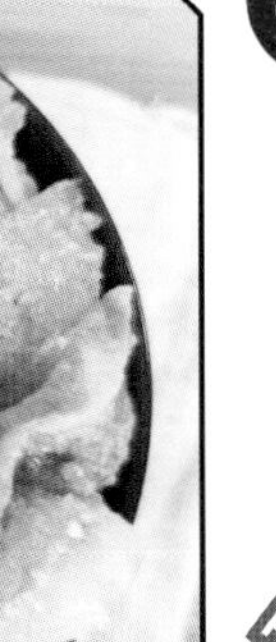

ごまと味噌の香りがたまらない！

1人分

1 刺身用タイ100gと味噌・ごま油各小1½、顆粒だし小½、すりごま適量をあえ、10分漬ける。

2 ご飯1膳の上にのせ、刻みねぎ適量をのせる。

POINT! 味噌は合わせ味噌がおすすめ。タイのみでおつまみにも。

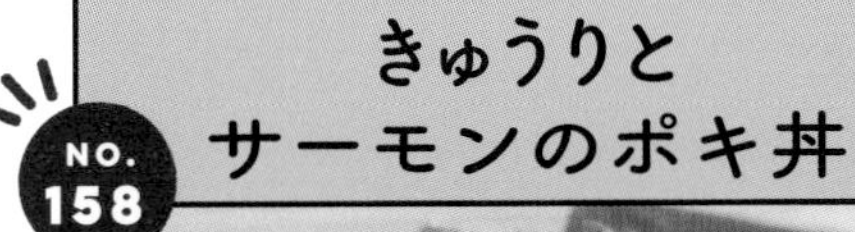

NO. 158

きゅうりとサーモンのポキ丼

きゅうりの食感がアクセント！

1人分

A 麺つゆ大1、顆粒だし小½、おろしにんにく・おろししょうが・ごま油各小1、白ごま適量

1 袋に刺身用サーモン100g（小さく切る）、きゅうり1本（角切り）、Aを入れてなじませ、20分漬ける。

2 ご飯1膳の上にもみのり適量、1、刻みねぎ適量をのせる。

POINT! サーモンときゅうりにじっくり味をしみ込ませる。

やる気TIPS

刺身を使った丼ものは、薬味を白ごまや大葉、みょうがなどに替えても美味。

NO.159 しらすのポンかす丼

1人分

1 ポン酢大1、ごま油・顆粒だし各小½を混ぜる。

2 器に盛ったご飯1膳の上にしらす50g、天かす30g、刻みねぎ適量、卵黄1個分をのせ、1をかける。

POINT! 天かすを入れることで食べごたえUP。

NO.160 長いも天かすわさび丼

1人分

1 長いも80g(すりおろす)、麺つゆ大1、ごま油小½を混ぜる。

2 器に盛ったご飯1膳に1をかけ、天かす大2、かいわれ大根・わさび各適量をのせる。

NO.161 韓国風ツナ丼

1人分

1 油をきったツナ1缶(70g)、キムチ50g、ごま油小1、鶏ガラの素小⅓、おろしにんにく小½を混ぜる。

2 ご飯1膳の上にもみのり適量、1、卵黄1個分をのせ、白ごま適量をふる。

POINT! ご飯にのせず、おつまみで食べるのもおすすめ。

NO. 162
悪魔のバター醤油絶品たこめし

1人分

1 フライパンにごま油小1を熱し、ゆでたこ100g(一口大に切る)を炒める。

2 水分をふき、醤油・酒各小1、黒こしょう適量を加えてからめる。

3 ご飯1膳の上に水菜適量(ざく切り)、2、刻みねぎ適量、バター5gをのせる。

POINT! 溶けたバターを混ぜながら食べる。

NO. 163
究極のエリンギたこめし

2〜3人分

A | 麺つゆ大4、醤油小2、酒・みりん各大1、顆粒だし小1、バター15g

1 炊飯釜に研いだ白米2合、2合より少し少なめの水、ゆでたこ150g(小さめの一口大に切る)、エリンギ1本(小さめの一口大に切る)、Aを入れ、通常炊飯。

2 10分ほど蒸らしてよく混ぜ、器に盛り、大葉2枚(細切り)をのせる。

POINT! 炊き上がったら調味料が行き渡るようによく混ぜる。

NO. 164
大葉の甘辛卵かけご飯

1人分

A | 麺つゆ大1、ごま油・コチュジャン各小1、おろしにんにく・おろししょうが各小½

1 ご飯1膳の上に卵1個をのせる。

2 Aをかけ、大葉適量(刻む)を添える。

POINT! Aのたれはあらかじめ混ぜておく。

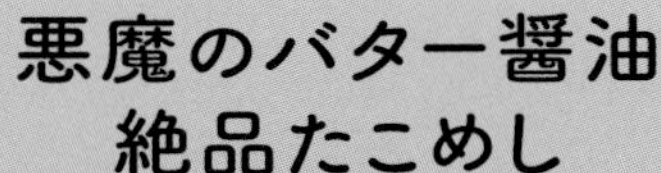

やる気TIPS
きのこは冷凍することで旨みが増すので冷凍保存するには特におすすめの食材。

NO. 165 塩昆布バターTKG

1人分

1 ボウルにご飯1膳、塩昆布大1、白だし小½、顆粒だし小⅓を入れ、混ぜる。

2 器に盛り、卵1個、バター10gをのせる。

POINT! わさびを少し足すと風味がよりよくなる。

NO. 166 至高のレモンバターペッパーライス

1人分

A 焼き肉のたれ大1、鶏ガラの素小½、砂糖・レモン汁各小1、黒こしょう適量

1 フライパンに油小1を熱し、牛薄切り肉120g(2㎝幅に切る)、にんにく1片(薄切り)を炒める。

2 もやし½袋(100g)を加えて炒め、Aを加えてからめる。

3 ご飯1膳の上にのせ、刻みねぎ適量、バター10gをのせる。

POINT! 牛肉に火が通ったらもやしを加え、さっと炒める。

NO. 167 超絶品! ヤンニョムバターガーリックライス

1人分

A 焼き肉のたれ・おろしにんにく各小1、ケチャップ・コチュジャン各大1、黒こしょう適量

1 フライパンに油小1を熱し、ベーコン80g(細切り)を炒める。

2 焼き色がついたら、ご飯1膳、Aを加え、炒め合わせる。

3 卵黄1個分、バター10gをのせる。

POINT! くずした卵黄、溶けたバターとからめながら食べる。

NO. 168

牛すじ舞茸カレー

1〜2人分

A 水350mℓ、カレールウ2片、カレー粉・ケチャップ各大1、バター10g、醤油・おろしにんにく・おろししょうが各小1

1 容器に舞茸½袋(小さく切る)、玉ねぎ¼個(みじん切り)、牛すじ100g、Aを入れて混ぜる。

2 ラップをして11分チンしてよく混ぜ、ご飯1膳にかける。

NO. 169

タイ風 シーフードカレー

1〜2人分

1 オリーブ油小1を熱したフライパンに鶏もも肉300g(一口大に切る)、にんにく1片(薄切り)を入れ、鶏肉に焼き色がつくまで炒める。

2 シーフードミックス100g、パプリカ½個(くし形切り)、鷹の爪2本を加えて炒め、ココナッツミルク缶1個(400mℓ)を入れる。

3 煮立ったらカレー粉小1、カレールウ2片を入れてさらに煮込み、ご飯1膳にかける。

NO. 170

レンジで簡単！ バターチーズキーマカレー

1人分

A 水100mℓ、カレールウ1片、ケチャップ・おろしにんにく各小1、ヨーグルト大1、バター20g

1 容器に合いびき肉80g、玉ねぎ¼個(みじん切り)、Aを入れ、ラップをして10分チン。

2 一度よく混ぜ、ピザ用チーズ20gを加えて再び1分チン。ご飯1膳にかける。

玉ねぎは粗めのみじん切りでOK。

やる気TIPS

足が早めのもやしですが、冷蔵保存するときは水に浸すのがおすすめです。

NO. 171 レンジでバターハヤシライス

1人分

1 容器に合いびき肉150g、玉ねぎ½個(みじん切り)、ハヤシライスルウ2片、バター10g、ケチャップ大1、顆粒コンソメ小½、水300㎖を入れて混ぜる。

2 ラップをして10分チンしてよく混ぜ、ご飯1膳にかける。

POINT! 好みでパセリをふってもOK！

NO. 172 キムチウインナーチャーハン

1人分

1 ごま油小1を熱したフライパンでウインナー3本(斜め切り)を炒める。焼き色がついたら玉ねぎ¼個(みじん切り)を加えて炒める。

2 ご飯1膳、キムチ80g、おろしにんにく・おろししょうが各小½、コチュジャン小1を加えて炒める。

3 器に盛り、もみのり適量を散らして卵黄1個分をのせる。

NO. 173 簡単かにかまチャーハン

1人分

1 ごま油小1を熱したフライパンで玉ねぎ¼個(みじん切り)を火が通るまで炒める。

2 溶き卵1個分、かにかま30g(1㎝幅に切る)を加えてかき混ぜる。

3 卵が固まってきたら弱火にし、ご飯1膳、鶏ガラの素小1、おろしにんにく小½、塩少々、黒こしょう適量を加えてよく混ぜる。

POINT! かにかまは食べやすい大きさにちぎる。

NO. 174 中華風ガーリックライス

1人分

1 ごま油小1を熱したフライパンでウインナー3本(みじん切り)、にんにく1片(薄切り)を炒める。

2 ウインナーに火が通ったらご飯1膳、麺つゆ大1、鶏ガラの素小½、黒こしょう適量を加えて炒める。

にんにくを焦がさないように注意する。

NO. 175 簡単タコライス

1人分

1 フライパンにバター10gを溶かし、合いびき肉150gを炒める。

2 弱火にしてケチャップ・ウスターソース各大1、カレー粉・顆粒コンソメ各小½を加えてからめる。

3 ご飯1膳の上にレタス2枚(一口大にちぎる)、2をのせてマヨ適量をかける。

NO. 176 かにかまチーズ天津飯

1人分

A 水100mℓ、白だし小2、醤油・顆粒だし各小½、砂糖小1

1 油大1を熱したフライパンに溶き卵3個分を入れ、外側から内側にゆっくりと混ぜて、少し固まったら火を止める。

2 鍋にAを入れて熱し、沸騰したら弱火にしてかにかま30g(1cm幅に切る)を加えて軽く煮る。水溶き片栗粉(水大1に片栗粉小1を溶く)でとろみをつけ、スライスチーズ1枚(半分に切ってから1cm幅に切る)を加える。

3 器に盛ったご飯1膳に1をのせ、2をかけて刻みねぎ適量をのせる。

やる気TIPS

かにかまは、旨みを加えられて彩りもプラスできる超便利食材。

NO. 177 レンジでチキンライス

1人分

1. 容器に鶏むね肉130g(一口大に切る)、酒大1、おろしにんにく小½を入れ、ラップをして3分半チン。
2. 取り出してご飯1膳、玉ねぎ¼個(みじん切り)、ケチャップ大2を加え、再び2分半チン。よく混ぜる。

POINT! 好みでパセリをふると味も彩りも◎。

NO. 178 カルボ焼きピラフ

1人分

1. フライパンにバター10gを溶かし、ベーコン30g(短冊切り)、玉ねぎ¼個(みじん切り)を炒める。
2. 火が通ったらご飯1膳、顆粒コンソメ小1、コーン(水煮)30g・塩こしょう各適量を加えて炒め合わせる。
3. 器に盛り、卵黄1個分をのせて粉チーズ適量をふる。

NO. 179 バターカレー焼きピラフ

1人分

1. フライパンにバター10gを溶かし、ベーコン30g(小さく切る)を炒める。
2. 焼き色がついたら玉ねぎ¼個(みじん切り)を加えて炒める。
3. 火が通ったらご飯1膳、カレー粉小1、顆粒コンソメ小½、塩少々、コーン(水煮)30g・黒こしょう各適量を加えてよく炒める。

POINT! 仕上げにパセリをふって。

NO.180 パプリカ混ぜご飯

1人分

1 オリーブ油小1を熱したフライパンでベーコン30g(短冊切り)を炒める。

2 パプリカ½個(乱切り)、おろししょうが小½、塩こしょう適量を加えて炒める。

3 ご飯1膳に**2**を混ぜ、パセリ適量をふる。

ご飯全体にパプリカと調味料が行き渡るようにしっかり混ぜる。

NO.181 チーズバターライス

1人分

1 フライパンにバター10gを溶かし、ご飯1膳を炒める。

2 ご飯がバターとなじんだら塩少々、黒こしょう適量、顆粒コンソメ小⅓を加えて混ぜ、弱火にしてピザ用チーズ20gを加えて炒める。

3 バター10gを添え、パセリ適量をふる。

フライパン

レアな調味料は
なし!

NO.182 本気のナシゴレン

1人分

1 油小1を熱したフライパンでウインナー3本(斜めに切る)、にんにく1片(薄切り)を炒める。

2 焼き色がついたらピーマン1個(粗みじん切り)、玉ねぎ¼個(みじん切り)を加えて炒める。

3 弱火にしてご飯1膳、醤油小2、オイスターソース小1、ケチャップ大1を加えて混ぜる。

好みで目玉焼きをのせると◎!

やる気TIPS

ナシゴレンはインドネシア風チャーハンのこと。好みでスパイスなどを加えても。

NO. 183
絶品ビビンバ

1人分

A | 醤油小2、みりん・酒・コチュジャン各小1、おろしにんにく・おろししょうが各小½

1. にんじん20g(細切り)とほうれん草20g(ざく切り)をゆでて水気をきり、鶏ガラの素小½であえる。
2. ごま油小1を熱したフライパンで合いびき肉100gを炒める。
3. 火が通ったらAを加えて炒める。
4. ご飯1膳の上に1、3、キムチ40g、卵1個、白ごま少々をのせる。

NO. 184
シンガポールライス

1人分

1. 容器に鶏むね肉100g(一口大に切る)、酒小2、おろししょうが小½を入れ、ラップをして5分チン。
2. 一度取り出し、白ねぎ¼本(みじん切り)、醤油大1½、オイスターソース小½、砂糖・みりん各小2を加えて混ぜ、再び1分チン。
3. 器にご飯150gと2を盛りつけ、トマト適量(くし形切り)を添える。

NO. 185
和風トマトリゾット

1人分

1. 鍋に玉ねぎ¼個(みじん切り)、ホールトマト缶½個(200g)、顆粒だし・醤油各小½、白だし小1、水50mℓ、バター10gを入れて火にかけ、混ぜながら温める。
2. ご飯1膳を加えてからめる。

玉ねぎが透明になるまで火にかける。

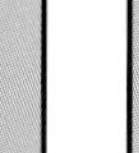

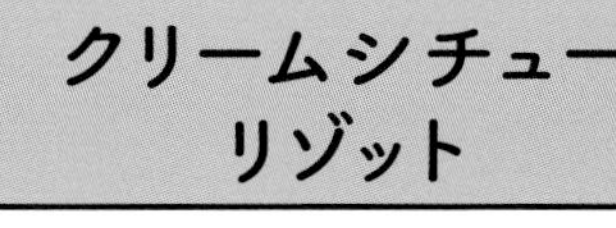

NO.186 クリームシチューリゾット

1人分

1. 容器に水200mℓ、牛乳100mℓ、クリームシチューのルウ2片、バター10g、顆粒コンソメ小½を入れ、ラップをして8分チン。
2. 一度取り出し、ご飯1膳、ピザ用チーズ50gを加えて混ぜ、2分チン。
3. パセリ適量をふる。

NO.187 トマトチーズドリア

1人分

1. フライパンにバター10gを溶かし、ウインナー2本(斜めに切る)を炒める。焼き色がついたら玉ねぎ¼個(みじん切り)を加えて炒める。
2. 弱火にしてホールトマト缶½個(200g)、顆粒コンソメ小1、小麦粉小2を加え、煮込む。
3. 容器にご飯150gを詰めて**2**をかけ、ピザ用チーズ50gを散らしてトースターで5分焼く。

POINT! チーズが溶けるまでトースターで焼く。

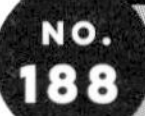

NO.188 レンジで簡単! カレーチーズドリア

1人分

1. 容器にご飯150g、鶏もも肉80g(一口大に切る)を入れ、レトルトカレー1袋、醤油小½をかけて混ぜる。
2. 5分チンし、ピザ用チーズ30gを加えて再度1分チン。

POINT! チーズが溶けるまでチンする。

やる気TIPS

幅広い料理で使えるトマト缶は、ストックしておくと便利。

NO. 189 鮭バター炊き込みご飯

2〜3人分

1 容器に鮭２切れ、酒大１を入れてなじませ、ラップをして１分チン。

2 炊飯釜に白米２合、しめじ１袋(ほぐす)、白だし大３、醤油大１、顆粒だし小１、**1**を入れ、２合より少し少なめの水を加え、通常炊飯。

3 よく混ぜて黒こしょう少々で味を調え、刻みねぎ・刻みのり各適量、バター10gをのせる。

POINT! 炊き上がり後、鮭の皮と骨を取ってからほぐす。

NO. 190 バター醤油鶏ガラご飯

2〜3人分

1 炊飯釜に白米２合、醤油・みりん各大２、バター20g、鶏ガラの素大１、にんにく１片(すりおろす)、鶏もも肉250g(一口大に切る)、玉ねぎ½個(薄切り)、にんじん½本(細切り)、水規定量を入れ、通常炊飯。

2 よく混ぜて器に盛り、大葉適量(刻む)を散らす。

POINT! 香りを出すため、にんにくはチューブでなくて生のものを使用。

NO. 191 豚バラきのこ炊き込みご飯

2〜3人分

1 炊飯釜に白米２合、豚バラ薄切り肉120g、しめじ½袋(ほぐす)、舞茸½袋(食べやすくほぐす)、えのき１袋(根元を落として食べやすく切る)、顆粒だし大１、醤油・みりん各大２、水規定量を入れて混ぜ、通常炊飯。

2 よく混ぜて器に盛り、刻みねぎ適量を散らす。

Motivation is 1%

PART 05

麺はハッピー

うどん、そうめん、パスタ、インスタント麺を使った
ラーメンやそばなど、絶品麺レシピ81連発をご覧あれ。
こんなの初めて！と言いたくなるアイデアレシピ満載。

NO.192 至高のぺぺたまうどん

1人分

A オリーブ油大1、麺つゆ・おろしにんにく各小1、鷹の爪1本(輪切り)、バター5g

1 容器に冷凍うどん1玉(200g)、ベーコン30g(細切り)、**A**を入れ、ラップをして6分チン。

2 卵黄1個分を加え、よく混ぜる。

卵黄を加えて全体にとろみがついたら器に盛る。

NO.193 卵あんかけうどん

1人分

1 フライパンで水250mℓを沸騰させ、うどん1玉(200g)を規定時間ゆで、うどんのみを器に盛る。

2 残った湯に麺つゆ60mℓ、みりん小1、顆粒だし小½、えのき30g(根元を切ってほぐす)、白ねぎ¼本(小口切り)を加えて煮る。

3 **2**に片栗粉小1、水大1を混ぜて加え、溶き卵1個分を回し入れ、2～3回かき混ぜて火を止める。**1**にかける。

好みで刻みのり、刻みねぎをのせる。

NO.194 超簡単!激うま塩昆布バターうどん

1人分

1 うどん1玉(200g)を沸騰した湯で規定時間ゆで、水気をきる。

2 器に盛り、麺つゆ小2、ごま油・塩昆布各小1を加えて混ぜる。刻みねぎ少々、バター10gをのせる。

バターを溶かしながら食べる。

NO. 195 ピリ辛冷やしサーモンうどん

暑い時期にぴったり!

1人分

A 麺つゆ大1½、ごま油・おろしにんにく各小1、豆板醤小½、ラー油適量

1 沸騰した湯でうどん1玉(200g)を規定時間ゆで、冷水で冷やして水気をきる。

2 器にうどんと刺身用サーモン160g(細切り)を盛りつける。

3 A を混ぜて2にかけ、刻みのり・刻みねぎ各適量をのせる。

POINT! ラー油の量で好みの辛さに調整して。

NO. 196 至福の冷やし担々うどん

肉味噌と豆乳スープが超絶品!

1人分

1 フライパンにごま油小1を熱し、弱火で豚ひき肉130gを炒める。火が通ったらこしょう少々、味噌・鶏ガラの素各小½を加えてさらに炒める 。

2 豆乳(調整)150mℓに麺つゆ大1、ラー油2～5滴を混ぜる。

3 沸騰した湯でうどん1玉(200g)を規定時間ゆで、冷水で冷やして水気をきる。器に盛り、1、水菜(ざく切り)・刻みのり各適量をのせて2、白ごま適量をかける。

POINT! 味が薄まらないようにうどんの水気はよくきって。

NO. 197 だし香る白だしつけ麺うどん

うどんが一瞬で消えちゃう!

1人分

A 水100mℓ、白だし大1、醤油小1、顆粒だし・ごま油各小½

1 沸騰した湯でうどん1玉(200g)を規定時間ゆで、水気をきる。

2 容器にAを入れて混ぜ、1分チン。

3 2に天かす・もみのり・刻みねぎ各適量を入れる。

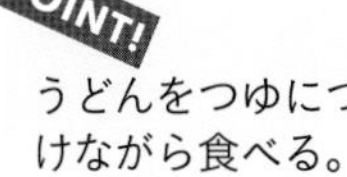
POINT! うどんをつゆにつけながら食べる。

やる気TIPS

卵から卵黄を取り分けた後、残った白身は捨てずにスープに入れるなど活用して。

NO. 198
和風明太カルボナーラうどん

ランチにも
夕飯にも!

フライパン

1人分

1 沸騰した湯でうどん1玉(200g)を規定時間ゆで、水気をきる。

2 フライパンにバター10gを溶かし、弱火でベーコン1枚(細切り)を炒め、白だし・鶏ガラの素各小1を加えて混ぜ、牛乳100mℓ、ピザ用チーズ20gも加え、火を止めて1を加える。

3 器に盛って黒こしょう少々をふり、大葉1枚(細切り)、卵黄1個分、明太子20g(ほぐす)をのせる。

POINT! うどんを加え、チーズが溶けてとろみがつくまで混ぜたら器に盛る。

NO. 199
肉味噌バターうどん

1人分

A 赤味噌・おろしにんにく・おろししょうが各小1、麺つゆ・酒各小2、砂糖小½

1 容器に豚ひき肉120g、A を入れて混ぜ、ラップをして2分チン。

2 一度混ぜ、顆粒だし小1、バター10gを加え、再び1分チン。

3 沸騰した湯でうどん1玉(200g)を規定時間ゆでて水気をきり、器に盛る。2、卵黄1個分、刻みのり・刻みねぎ・白ごま各少々、バター10gをのせる。

POINT! 加熱後は肉に火が通ったか確認し、よく混ぜてほぐす。

NO. 200
極うまのビビンうどん

1人分

A 麺つゆ小2、ポン酢・ごま油・コチュジャン各小1、おろしにんにく小½

1 沸騰した湯でうどん1玉(200g)を規定時間ゆで、冷水で冷やして水気をきる 。

2 1にA を混ぜ、白ごま・刻みのり・刻みねぎ各適量をのせる。

POINT! うどんに調味料がまんべんなく行き渡るよう混ぜる。

NO.201 濃厚味噌チーズうどん

1人分

1 容器に冷凍うどん1玉(200g)、味噌・みりん各大1、醤油・顆粒コンソメ各小1を入れ、ラップをして3分半チン。

2 ピザ用チーズ30gを加え、さらに1分半チン。よく混ぜ、刻みのり適量を散らす。

POINT! 加熱後よく混ぜてチーズや味噌を溶かす。

NO.202 白だしでつけ麺うどん

1人分

A｜水大5、白だし大1、ごま油・味噌各小1、鶏ガラの素・顆粒だし・砂糖各小½

1 容器にしめじ100g(ほぐす)を入れ、ラップをして1分半チン。

2 Aを加え、さらに1分チン。

3 2に刻みのり・白ごま・天かす・刻みねぎ各適量を入れる。規定時間ゆでたうどん1玉(200g)をつけて食べる。

POINT! 調味料を加熱したら、よく混ぜて味噌を溶かす。

NO.203 レモン風味のさっぱりおろしうどん

1人分

1 容器に冷凍うどん1玉(200g)を入れ、ラップをして5分チン。冷水で冷やして水気をきる。

2 器に盛り、油をきったツナ1缶(70g)、大根おろし50g、白ごま・おろししょうが・刻みのり各適量、大葉1枚(刻む)をのせ、ポン酢大1½、レモン汁3～5滴をかける。

POINT! トッピングの具材を混ぜながら食べる。

やる気TIPS

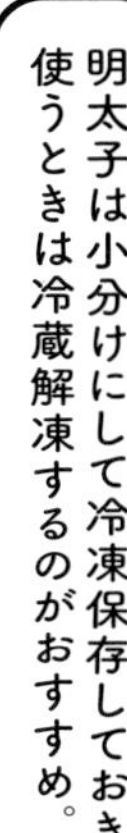
明太子は小分けにして冷凍保存しておき、使うときは冷蔵解凍するのがおすすめ。

NO. 204 超絶品! 冷やし油うどん

2人分

A ごま油大1、醤油小2、酒小1、砂糖・鶏ガラの素・おろしにんにく・おろししょうが各小½

1 容器に**A**を入れて混ぜ、30秒チンして冷やす。

2 沸騰した湯で冷凍うどん2玉(400g)を規定時間ゆで、冷水で冷やして水気をきる。

3 器に1、2を入れて混ぜ、ラー油適量をかけ、刻みのり・かつお節各適量、卵黄1個分をのせる。

POINT! 氷を入れて冷やして食べても美味しい。

NO. 205 レンジで時短! 台湾風混ぜうどん

1人分

A 醤油・砂糖・みりん・酒・赤味噌・豆板醤・おろしにんにく・おろししょうが各小1

1 容器に豚ひき肉100g、**A**を入れて混ぜ、ラップをして3分チン。一度混ぜ、再び30秒チン。

2 別の容器にニラ¼袋(みじん切り)を入れ、30秒チン。

3 沸騰した湯でうどん1玉(200g)を規定時間ゆで、水気をきって器に盛る。1、2、刻みねぎ¼袋、刻みのり適量、卵黄1個分をのせる。

POINT! 卵をくずし、具材を混ぜながら食べる。

NO. 206 レンジで一発! カルボナーラうどん

1人分

1 容器に冷凍うどん1玉(200g)、オリーブ油小1、スライスチーズ1枚、ハム2枚(細切り)を入れ、ラップをして4分チン。

2 溶き卵1個分を1に加えて混ぜ、黒こしょう・パセリ各少々をふる。

POINT! チーズと卵を混ぜてソースにとろみをつける。

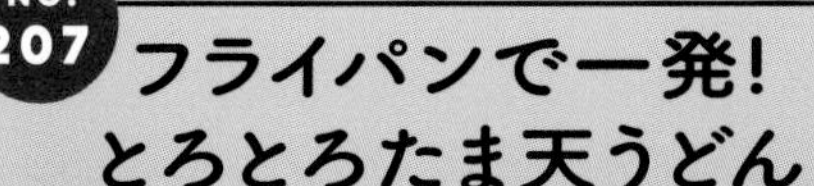

NO. 207 フライパンで一発！とろとろたま天うどん

1人分

1 フライパンに水200mℓ、玉ねぎ½個（薄切り）を入れて沸騰させ、ゆでる。

2 玉ねぎに火が通ったら、冷凍うどん1玉（200g）を加えて規定時間ゆでる。白だし大1、顆粒だし小½を加えて混ぜ、天かす20gも加える。

3 弱火にして溶き卵1～2個分を回し入れ、火を止める。刻みねぎ適量をのせる。

POINT! 卵を箸で混ぜながら加えたら、すぐ火を止めて器に盛る。

NO. 208 レンチン完結！明太子クリームソースうどん

1人分

1 沸騰した湯でうどん1玉（200g）を規定時間ゆでる。

2 容器に牛乳50mℓ、明太子40g（ほぐす）、バター10g、麺つゆ小1を入れて混ぜ、ラップをして1分チン。

3 **1**、ピザ用チーズ30gを加えて30秒チン。一度混ぜ、再び30秒チン。黒こしょう少々をふり、かいわれ大根少々をのせる。

POINT! チーズを混ぜながら溶かし、とろみをつける。

NO. 209 最高の卵かけうどん

1人分

A 麺つゆ大1、ごま油・顆粒だし・おろしにんにく・おろししょうが各小½

1 容器に冷凍うどん1玉（200g）を入れ、ラップをして4分チン。

2 **A**を加えて混ぜ、器に盛る。

3 かつお節・刻みねぎ・もみのり各適量、卵黄1個分をのせ、ラー油適量をかける。

POINT! うどんに調味料をしっかりからめたら器に盛る。

やる気TIPS

冷凍うどんは解凍せずそのまま使えて、ストックしておくととても便利。

NO. 210 レンジで一発! バターチーズの油うどん

1人分

容器に冷凍うどん1玉(200g)、麺つゆ小2、豆板醤小½、おろしにんにく小1を入れ、スライスチーズ1枚、バター10gをのせ、ラップをして5分チン。よく混ぜ、三つ葉適量(ちぎる)をのせる。

POINT! 三つ葉の代わりに刻みねぎ、大葉でもOK。

NO. 211 塩バター 釜玉うどん

1人分

1 沸騰した湯でうどん1玉(200g)を規定時間ゆで、軽く水気をきる。溶き卵1個分、ごま油小¼、鶏ガラの素小1をからめる。

2 バター10g、刻みねぎ・刻みのり各適量をのせ、黒こしょう適量をかける。

POINT! バターを溶かしながら食べる。

NO. 212 麺つゆで豚キム チーズうどん

1人分

1 ごま油小1を熱したフライパンで豚こま肉100gを軽く炒め、水400㎖を加えて温める。

2 煮えたら、うどん1玉(200g)、キムチ80g、麺つゆ大2、鶏ガラの素小1を加え、2分ほど煮る。

3 火を止めてピザ用チーズ50gを加え、ふたをして1分おき、卵1個を割り入れる。

POINT! 余熱でチーズを溶かす。好みで刻みねぎや水菜を入れても。

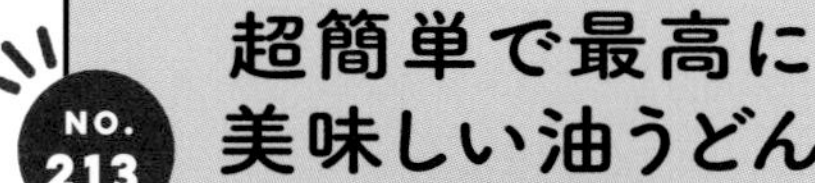

NO.213 超簡単で最高に美味しい油うどん

1人分

1 麺つゆ大1強、ごま油小1、豆板醤小½を混ぜる。

2 沸騰した湯でうどん1玉(200g)を規定時間ゆでて水気をきり、**1**を混ぜる。

3 卵黄1個分、白ごま・刻みねぎ・刻みのり各少々をのせ、好みでラー油少々をかける。

POINT! うどんに調味料をしっかり混ぜ、味をなじませる。

NO.214 悪魔のキムチ釜玉うどん

1人分

1 沸騰した湯でうどん1玉(200g)を規定時間ゆで、水気をきる。

2 器に盛って溶き卵1個分、ポン酢・ごま油各小2を加えて混ぜ、キムチ30g、刻みねぎ・刻みのり各適量をのせる。

POINT! うどんと卵、調味料をしっかりからめる。

NO.215 暑い時期に絶対に食べたい油そうめん

1人分

1 沸騰した湯でそうめん100gを規定時間ゆでて水気をきり、冷水で冷やす。

2 麺つゆ大1½、ごま油小1、おろしにんにく・おろししょうが各小½を混ぜる。

3 **1**を器に盛って**2**をかけ、卵黄1個分、刻みねぎ・白ごま・刻みのり各適量をのせ、ラー油適量をかける。

POINT! 卵黄をくずし、全体をよく混ぜて食べる。

やる気TIPS

そうめんはくっつかないよう、たっぷりの湯でゆでるようにしましょう。

NO. 216 悪魔のビビンそうめん

1人分

1 沸騰した湯でそうめん100gを規定時間ゆでて冷水で冷やし、水気をきる。

2 ポン酢大2、コチュジャン大1、ごま油・砂糖各小1と**1**を混ぜ、刻みねぎ・もみのり・白ごま各適量をかける。

POINT! 調味料をそうめんにしっかり混ぜたら器に盛る。

NO. 217 塩よだれ鶏そうめん

1人分

A 水大2、ごま油・鶏ガラの素各小1、塩小⅓、おろしにんにく小½

1 容器に鶏むね肉100g(一口大に切る)、酒大1、おろししょうが小½を入れ、ラップをして4分チン。

2 白ねぎ10cm(みじん切り)、**A**を混ぜる。

3 沸騰した湯でそうめん100gを規定時間ゆで、冷水で冷やして水気をきる。**1**をのせて**2**をかける。

POINT! むね肉はレンジ加熱でしっとり柔らかくなる。

NO. 218 明太子と大葉の無限そうめん

1人分

1 沸騰した湯でそうめん100gを規定時間ゆで、冷水で冷やして水気をきる。

2 **1**に明太子1腹(ほぐす)、白だし小½、顆粒だし小⅓を混ぜる。

3 大葉2枚(細切り)、卵黄1個分をのせる。

POINT! 明太子は縦に切り込みを入れて中身をこそげ取る。

NO. 219 ツナ缶で簡単!台湾風混ぜそうめん

何もしたくない日に!

1人分

1 沸騰した湯でそうめん100gを規定時間ゆで、冷水で冷やして水気をきる。麺つゆ大1、ごま油小1、おろしにんにく小½を混ぜる。

2 油をきったツナ1缶(70g)と焼き肉のたれ大1、味噌小½を混ぜる。

3 1の上に2、刻みねぎ・もみのり各適量、卵黄1個分をのせる。

POINT!
肉の代わりに手軽なツナを使用。焼き肉のたれで満足度アップ。

NO. 220 絶品油そうめん

焼き肉のたれで簡単!

1人分

A | 焼き肉のたれ小2、鶏ガラの素小⅓、ごま油小1、おろしにんにく・おろししょうが各小½

1 沸騰した湯でそうめん100gを規定時間ゆで、冷水で冷やして水気をきる。

2 1にAを混ぜる。

3 卵黄1個分、刻みねぎ・刻みのり各適量をのせる。

POINT!
焼き肉のたれは普段使っているもので大丈夫。

NO. 221 塩レモンラー油そうめん

食欲がないときにもおすすめ!

1人分

1 水100mℓ、鶏ガラの素・ごま油・レモン汁・ラー油各小1、塩小¼、おろしにんにく小½を混ぜる。

2 沸騰した湯でそうめん100gを規定時間ゆで、冷水で冷やして水気をきる。

3 2を器に盛って1をかけ、刻みのり・白ごま各適量をのせる。

POINT!
卵を加えてまろやかな味わいで食べるのも◎。

やる気TIPS
レモン汁は、レモン1個から約大さじ3搾れます。もちろん市販品を使っても◎。

NO.222 簡単で超美味! ヤンニョムそうめん

暑い日に食べたい うま辛味!

1人分

A コチュジャン・ケチャップ各小2、ごま油・鶏ガラの素・酢各小1、おろしにんにく・おろししょうが各小½

1 沸騰した湯でそうめん100gを規定時間ゆで、冷水で冷やして水気をきる。

2 ボウルに1、**A**、油をきったツナ1缶(70g)を入れ、混ぜる。

3 器に盛り、白ごま・刻みねぎ各適量をのせる。

POINT! 最後にラー油をかけて食べるのもおすすめ。

NO.223 究極のごまだれ そうめん

ポン酢で さっぱり!

1人分

1 沸騰した湯でそうめん100gを規定時間ゆで、冷水で冷やして水気をきる。

2 1にポン酢大1、ごま油小1、おろしにんにく小½、白ごま適量を加えて混ぜる。

3 器に盛り、刻みねぎ・刻みのり各適量をのせる。

POINT! そうめんに調味料をよく混ぜてから器に盛る。

NO.224 冷やしラー油 そうめん

ピリッと辛くて 大満足!

1人分

A 水100mℓ、麺つゆ大2、鶏ガラの素小½、ラー油・ごま油各小1

1 沸騰した湯でそうめん100gを規定時間ゆで、冷水で冷やして水気をきる。

2 **A**を混ぜる。

3 1を器に盛って2をかけ、白ごま・刻みねぎ各適量をのせる。

POINT! 味が薄まらないよう、そうめんの水気をよくきって盛る。

NO. 225 ねぎ塩豚バラそうめん

1人分

1 沸騰した湯でそうめん100gを規定時間ゆで、冷水で冷やして水気をきる。

2 鍋に水200mℓ、麺つゆ大1、ごま油小1、鶏ガラの素小2を入れて沸かし、豚バラ薄切り肉50gを入れてさっとゆでる。

3 1を器に盛って2をかけ、黒こしょう・刻みねぎ各適量をのせる。

スープにしょうがをプラスするのもおすすめ。

NO. 226 白だしわかめそうめん

1人分

1 乾燥わかめ大1を水でもどして水気をきる。

2 沸騰した湯でそうめん100gを規定時間ゆで、冷水で冷やして水気をきる。

3 水100mℓ、白だし小2、顆粒だし小½、おろししょうが小½を混ぜる。

4 2を器に盛って1をのせ、3をかけて白ごま適量をふる。

だしとしょうがをよく混ぜて溶かす。

NO. 227 無限塩そうめん

あっさりに見えて
味はしっかり!

レンジ

1人分

A 水100mℓ、白だし・ごま油・鶏ガラの素各小1、塩少々、おろしにんにく小½

1 沸騰した湯でそうめん100gを規定時間ゆで、冷水で冷やして水気をきる。

2 容器にAを入れて混ぜ、30秒チンして粗熱を取る。

3 1を器に盛って2をかけ、黒こしょう適量をふり、刻みねぎ・刻みのり各適量をのせる。

レンジで軽く温めて調味料をよく溶かす。

やる気TIPS

乾燥わかめをもどすには、たっぷりの水とともにボウルに入れて約5分待つだけ。

NO.228 暑い時期にピッタリな冷麺風そうめん

1人分

1 沸騰した湯でそうめん100gを規定時間ゆで、冷水で冷やして水気をきる。

2 水100㎖、麺つゆ大2、ごま油小1、酢小½を混ぜる。

3 **1**を器に盛り、キムチ50g、きゅうり¼本(細切り)、白ごま・刻みねぎ各適量をのせ、**2**をかける。

NO.229 韓国風! ツナたまビビンそうめん

1人分

A コチュジャン大1、麺つゆ大1⅓、酢・おろしにんにく各小½、ごま油小2小½

1 沸騰した湯でそうめん100gを規定時間ゆで、冷水で冷やして水気をきる。

2 **1**とAを混ぜる。

3 器に**2**を盛り、卵黄1個分、キムチ50g、きゅうり¼本(細切り)、白ごま・刻みねぎ各適量をのせる。

POINT! 味が薄まらないよう、そうめんの水気をよくきって混ぜる。

NO.230 究極のラー油そうめん

1人分

1 容器にごま油小2、にんにく2片(みじん切り)、コチュジャン・鶏ガラの素各小1を入れて混ぜ、ラップをして1分チン。

2 **1**に麺つゆ大2、おろししょうが小½、ラー油適量を加えて混ぜ、冷蔵庫で冷やす。

3 沸騰した湯でそうめん100gを規定時間ゆで、冷水で冷やして水気をきる。**2**に水大2～4を混ぜ、刻みのり・白ごま各適量を添える。

POINT! 水で好みの濃度に薄め、薬味とそうめんをつけて食べる。

PART 05

麺はハッピー・そうめん

NO. 231

最高に美味しい！白だしそうめん

1人分

A 水大5、白だし大1、ごま油・味噌各小1、顆粒だし2つまみ

1. **沸騰した湯でそうめん100gを規定時間ゆで、冷水で冷やして水気をきる。**
2. **容器にAを入れて混ぜ、30秒チンして冷ます。**
3. **2に天かす・刻みのり・白ごま各適量、大葉2枚(細切り)を入れる。**

POINT!
薬味を入れたつゆに、そうめんをつけて食べる。

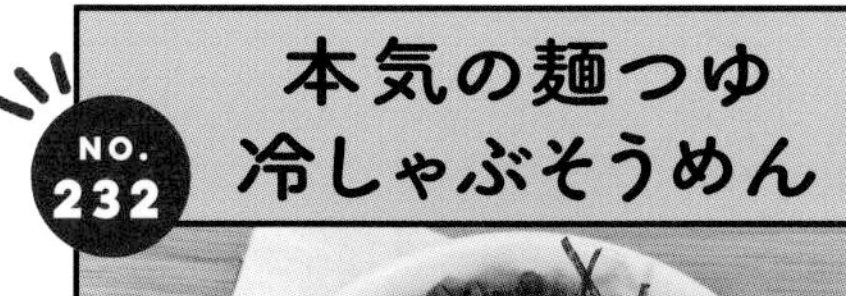

NO. 232

本気の麺つゆ冷しゃぶそうめん

1人分

A 麺つゆ80mℓ、水160mℓ、ごま油・鶏ガラの素・おろしにんにく・おろししょうが各小1

1. **容器にAを入れて混ぜ、冷蔵庫で冷やす。**
2. **沸騰した湯で豚こま肉80gをさっとゆで、水気をきって塩1つまみをふり、粗熱を取る。**
3. **そうめん100gを規定時間ゆで、冷水で冷やして水気をきり、器に盛って1をかける。2、白ごま・刻みねぎ・刻みのり各適量をのせる。**

POINT!
豚肉は熱いうちに塩をふり、下味をつける。

NO. 233

豚バラ冷しゃぶビビン麺

1人分

A 麺つゆ大1、ごま油・白ごま各小1、酢・おろしにんにく各小½、コチュジャン小2

1. **沸騰した湯でそうめん100g、豚バラ薄切り肉80gを規定時間ゆで、冷水で冷やして水気をきる。Aとあえる。**
2. **器に盛り、刻みねぎ・刻みのり各適量をのせる。**

POINT!
そうめんと肉は一度にゆでるとラク。肉は豚こま肉でもOK。

やる気TIPS

麺類は、麺をゆでるための湯を沸かす間に具材の準備をしておくとスムーズ。

NO. 234
焼き肉のたれ冷しゃぶそうめん

つくる気力が出ないときに!

1人分

1 沸騰した湯でそうめん100gを規定時間ゆで、冷水で冷やして水気をきる。

2 1の沸騰した湯で豚こま肉100gをさっとゆでる。

3 焼き肉のたれ大1½、ごま油小1、鶏ガラの素小½を混ぜる。

4 1に、2をのせて3をかけ、白ごま・刻みねぎ各適量を散らす。

POINT! そうめんと豚肉は同じ湯でゆでるとラク。

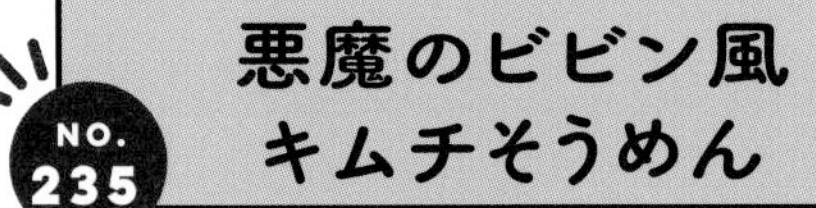

NO. 235
悪魔のビビン風キムチそうめん

やみつきになる!

1人分

1 沸騰した湯でそうめん100gを規定時間ゆで、冷水で冷やして水気をきる。

2 1にキムチ50g、麺つゆ・ごま油各小1、酢・おろしにんにく各小½を加えて混ぜる。

3 卵黄1個分、刻みねぎ適量をのせる。

POINT! 辛いのが好きな方はラー油を加えても美味しい。

NO. 236
お手軽レシピ! ラー油ペペロンチーノ

フライパン

あとをひく辛さ!

1〜2人分

1 沸騰した湯でパスタ150g(7分ゆで)を規定時間ゆで、水気をきる。

2 フライパンにごま油小1を熱し、ベーコン1枚(細切り)、にんにく1片(薄切り)を炒め、パスタを加えてからめる。

3 水小1で溶いた顆粒コンソメ小1を加えて混ぜ、黒こしょう・鷹の爪各少々(輪切り)、ラー油適量をかける。

POINT! ベーコンに焼き色がついたらパスタを加える。

NO.237 世界一簡単な生ハムカルボナーラ

レンジにおまかせ!

レンジ

1人分

1 容器に半分に折ったパスタ100g(7分ゆで)、水250mℓ、顆粒コンソメ小1、おろしにんにく小½を入れ、10分チン。

2 卵黄1個分、粉チーズ・黒こしょう各適量を加えて混ぜる。

3 器に盛って生ハム30gをのせ、好みで粉チーズ・パセリをかける。

粉チーズはかければかけるほど美味しい。

NO.238 本気のペペロンカルボナーラ

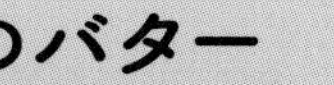

びっくりするほどクリーミー!

フライパン

1人分

1 沸騰した湯でパスタ100g(7分ゆで)を規定時間ゆで、水気をきる。

2 フライパンにオリーブ油大1を熱し、ベーコン50g(細切り)、にんにく1片(薄切り)、鷹の爪1本(輪切り)を炒め、牛乳100mℓ、顆粒コンソメ小1、塩こしょう少々、ピザ用チーズ30gを加える。

3 温まったら火を止め、溶き卵1個分、1を加えてからめ、パセリ適量をかける。

余熱で卵とパスタをからめ、とろみをつける。

NO.239 最強のバターベーコンパスタ

和風味に濃厚バターをプラス!

フライパン

1人分

1 沸騰した湯でパスタ100g(7分ゆで)を規定時間ゆで、水気をきる。

2 フライパンにバター10gを溶かしてベーコン30g(細切り)を炒め、弱火にして醤油・酒各小2、砂糖小½、黒こしょう適量、1を加えてからめる。

3 器に盛り、刻みねぎ適量、バター10g、卵黄1個分をのせる。

ベーコンに火が通ったら、調味料とパスタを加える。

やる気TIPS

のりは冷蔵や冷凍で保存すると長持ちするのでおすすめ。切ってから保存しても。

悪魔のブロッコリーペペロンチーノ

NO. 240

1人分

1 沸騰した湯でパスタ80g(7分ゆで)を規定通りゆで、水気をきる。

2 フライパンにオリーブ油大2を熱し、ベーコン50g(細切り)、にんにく1片(薄切り)を炒め、ブロッコリー100g(細かく切る)を加えて炒める。

3 水150mℓ、麺つゆ小2、顆粒だし小⅓を加え、5分ほど煮て、1、塩小⅓、黒こしょう適量を加えてからめる。

POINT! ベーコンに火が通ったらブロッコリーを加える。

レンジでチーズクリームパスタ

NO. 241

1人分

1 容器に半分に折ったパスタ80g(7分ゆで)、水150mℓ、顆粒コンソメ小½、バター10gを入れ、5分チン。

2 牛乳100mℓ、ピザ用チーズ50gを加え、再び3分チン。

3 器に盛り、パセリ・黒こしょう各適量をかける。

POINT! チーズが溶けてとろみがつくまでよく混ぜ、器に盛る。

本気の和風カルボナーラ

NO. 242

1人分

1 沸騰した湯でパスタ100g(7分ゆで)を規定通りゆで、水気をきる。

2 フライパンにバター10gを溶かし、ベーコン50g(細切り)を炒める。

3 弱火にして牛乳100mℓ、ピザ用チーズ50g、白だし大1、顆粒だし小½を加え、火を止めて卵黄1個分、1を加えてからめる。大葉2枚(刻む)をのせる。

POINT! チーズが溶けたら火を止め、卵黄とパスタをからめる。

NO. 243 超極うまのガーリック明太パスタ

1人分

1 沸騰した湯でパスタ200g（7分ゆで）を規定通りゆで、水気をきる。

2 フライパンにバター5gを溶かし、弱火でにんにく1片（薄切り）を炒め、牛乳100mℓ、麺つゆ小2を加える。

3 温まったら明太子50g（細かく切る）、1を加えてからめ、器に盛ってもみのり適量をのせる。

POINT! にんにくの香りがしてきたら牛乳などを加える。

NO. 244 究極のビビンバ風パスタ

1人分

1 沸騰した湯でパスタ100g（7分ゆで）を規定通りゆで、水気をきる。

2 フライパンにごま油小1を熱し、合いびき肉80g、おろしにんにく・おろししょうが各小½を入れて炒める。

3 焼き肉のたれ大1、コチュジャン小1を加えて炒め、火を止めて1、キムチ50g、黒こしょう適量を加えてからめる。刻みねぎ・刻みのり各適量をのせる。

POINT! ひき肉に火が通ったら調味料をからめる。

NO. 245 至高の和風きのこパスタ

1人分

1 沸騰した湯でパスタ80g（7分ゆで）を規定通りゆで、水気をきる。

2 フライパンにオリーブ油小1を熱し、ベーコン50g（細切り）、しめじ½袋（ほぐす）を炒め、白だし・顆粒だし各小½、酒小1、砂糖小⅓を加えて炒める。

3 1、塩小¼、黒こしょう適量を加えてからめ、刻みのり適量をのせる。

POINT! ベーコンの代わりにツナもおすすめ。

やる気TIPS

パスタをゆでるときの火加減は、鍋の中の湯がゆらゆら揺れるくらいが目安。

NO. 246 チーズ明太クリームパスタ

明太子の風味がたまらない!

1人分

1 容器に半分に折ったパスタ80g(7分ゆで)、水150mℓ、顆粒コンソメ小⅓、バター10gを入れ、5分チン。

2 ピザ用チーズ20g、牛乳100mℓを加え、再び3分チン。

3 明太子1腹(ほぐす)を加えて混ぜ、黒こしょう・パセリ各適量をかける。

POINT! チーズが溶けてソースにとろみがつくまで混ぜる。

NO. 247 わかめカルボナーラ

歯ごたえがあって大満足!

1人分

1 容器に半分に折ったパスタ100g(7分ゆで)、水250mℓ、ベーコン50g(細切り)、乾燥わかめ大1、顆粒コンソメ小1、オリーブ油小2を入れて混ぜ、ラップをして5分チン。

2 一度混ぜ、再び3分チン。

3 卵黄1個分、黒こしょう適量を加えて混ぜ、粉チーズ適量をかける。

POINT! チンして乾燥わかめを水でもどす手間を省略。

NO. 248 レンジで絶品レシピ! カレーパスタ

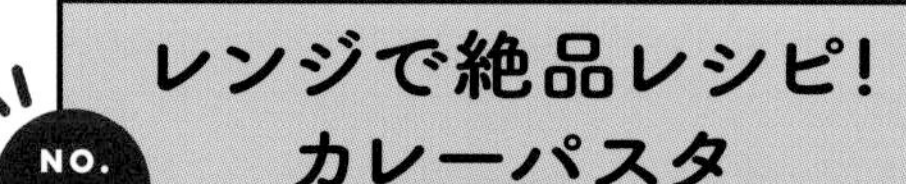

煮込む手間なし!

1人分

1 容器に半分に折ったパスタ100g(7分ゆで)、豚こま肉100g、玉ねぎ¼個(みじん切り)、カレールウ2片、ケチャップ大1、麺つゆ小1、バター10g、水350mℓを入れ、ラップをして7分チン。

2 一度混ぜ、再び3分チン。よく混ぜて器に盛る。

POINT! カレールウはお好きなものを。好みでパセリをふって。

NO.249 ねぎだれ天かすぶっかけ和風パスタ

天かすがアクセント!

1〜2人分

1 沸騰した湯でパスタ150g(7分ゆで)を規定通りゆで、水気をきる。

2 容器に麺つゆ大2、ごま油・みりん・酒各小1を入れて混ぜ、1分チン。

3 器にパスタを盛り、**2**、黒こしょう・天かす・刻みのり各適量、白ねぎ¼本(みじん切り)をかけ、卵黄1個分をのせる。

全体をよく混ぜながら食べる。

NO.250 ゆでるだけ! 生ハムカルボナーラ

食べごたえアップ!

1人分

1 沸騰した湯でパスタ100g(7分ゆで)を規定通りゆで、水気をきる(ゆで汁はとっておく)。

2 卵黄1個分、粉チーズ20gを混ぜ、パスタ、ゆで汁大1とあえる。

3 器に盛り、生ハム6枚をのせて黒こしょう小½をふる。

パスタの水気をきる前にゆで汁大1を取っておく。

NO.251 本気の明太子ペペロンチーノ

にんにく風味と明太子がマッチ!

1人分

1 沸騰した湯でパスタ80g(7分ゆで)を規定通りゆで、水気をきる。

2 フライパンにオリーブ油小2を熱し、弱火でにんにく1片(薄切り)、鷹の爪1本(輪切り)を炒める。

3 **1**、顆粒だし小½、黒こしょう適量を加えてからめ、明太子20g(ほぐす)、大葉2枚(細切り)をのせる。

にんにくの香りを引き出したらパスタを加える。

やる気TIPS

パスタはレンジ加熱すればラクちん。半分に折れば容器に無理なく入ります。

NO. 252

究極に美味しい油そば風パスタ

シンプルだけど味は絶品!

1人分

1 沸騰した湯でパスタ80g(7分ゆで)を規定通りゆで、水気をきる。

2 油をきったツナ1缶(70g)、鶏ガラの素小½、麺つゆ小2、ごま油小1、おろしにんにく小½を、1と混ぜ合わせる。

3 ラー油・白ごま・刻みのり各適量をかける。

POINT! 混ぜるときに豆板醤小½を加えるとより美味しい。

NO. 253

塩ラーメンでバターチーズパスタ風

背徳感が半端じゃない

1人分

1 沸騰した湯でインスタント袋麺(塩味)1袋の麺を規定時間ゆで、水気をきる。

2 フライパンにオリーブ油大1を熱し、1、鷹の爪1本(輪切り)を炒める。

3 弱火にして付属のスープの素½袋、ピザ用チーズ50g、黒こしょう適量を加えてからめ、バター10gをのせる。

POINT! 「サッポロ一番 塩らーめん」を使用。

NO. 254

サッポロ一番 塩らーめんでめんたいカルボナーラ

クリーミーでまろやか

1人分

1 鍋に水200mℓ、牛乳200mℓを入れて火にかけ、沸騰したら、インスタント袋麺(塩味)1袋の麺を加え、規定時間ゆでる。

2 火を止めて明太子15g(ほぐす)、ピザ用チーズ30g、卵黄1個分、付属のスープの素½袋を加えて混ぜる。

3 器に盛り、付属のごま1袋、粉チーズ適量、明太子15g(ほぐす)、大葉2枚(細切り)をのせる。

POINT! 明太子30gをスープとトッピングに半量ずつ使用。

NO. 255 塩ラーメンで濃厚クリームチーズカルボナーラ

一皿で大満足のこっくり味!

1人分

1 沸騰した湯でインスタント袋麺(塩味)1袋の麺を規定時間ゆで、水気をきる。

2 フライパンにバター10gを溶かし、ベーコン50g(細切り)を炒める。牛乳大2、付属のスープの素1袋を加え、弱火にしてクリームチーズ1個を加えて混ぜ溶かす。

3 火を止めて、**1**、卵黄1個分を加えてからめ、黒こしょう・パセリ各少々をかける。

POINT! 火を止めてオリーブ油小1を一緒に混ぜても◎。

NO. 256 サッポロ一番でラー油塩バター油そば

濃厚なうま辛にアレンジ!

1人分

1 沸騰した湯でインスタント袋麺(塩味)1袋の麺を規定時間ゆで、水気をきる。

2 麺つゆ・おろしにんにく各小½、ごま油小2、付属のスープの素1袋、付属のごま1袋と**1**を混ぜる。

3 ラー油・刻みねぎ各適量をかけ、バター適量、卵黄1個分をのせる。

POINT! 麺の水気をよくきってから調味料とあえる。

NO. 257 サッポロ一番で最高に美味しい塩ナポリタン

パスタとはひと味違ううまさ!

1人分

1 沸騰した湯でインスタント袋麺(塩味)1袋の麺を規定時間ゆで、水気をきる。

2 フライパンにオリーブ油小2を熱し、ウインナー3本(斜め薄切り)を炒める。

3 **1**、付属のスープの素½袋、ケチャップ大1½、黒こしょう適量を加えてからめ、粉チーズ・パセリ各適量をかける。

POINT! 粉末スープの残りは味を見て好みで調整して。

やる気TIPS

袋麺をアレンジするときは、付属のスープの素の量を調節するとほどよい塩味に。

NO. 258 至高のレモンペッパーねぎ塩ラーメン

さっぱりピリ辛!

1人分

A ごま油小2、レモン汁小1、おろしにんにく・おろししょうが各小½、付属のスープの素½袋、付属のごま1袋

1 沸騰した湯でインスタント袋麺(塩味)1袋の麺を規定時間ゆで、水気をきる。

2 白ねぎ20cm(みじん切り)、Aを混ぜる。

3 1と2を混ぜ合わせて器に盛り、黒こしょう適量をふり、卵黄1個分をのせてラー油適量をかける。

POINT! 「サッポロ一番 塩らーめん」を使用。

NO. 259 チキンラーメンでチーズタッカルビ風

ボリュームも満足度もアップ!

1人分

1 フライパンにごま油小2を熱し、鶏もも肉200g(一口大に切る)、にんにく1片(薄切り)を炒める。

2 肉に焼き色がついたら、キムチ150gを加えて軽く炒め、水500mℓを加えて煮る。

3 煮立ったら弱火にしてチキンラーメン1袋、ピザ用チーズ50g、卵1個を加え、ふたをして2分ほどおく。刻みねぎ適量をのせる。

POINT! ふたをして余熱でチーズと卵に火を通す。

NO. 260 究極のバター釜玉チキンラーメン

ペロリとなくなる罪の味

1人分

1 鍋に水400mℓを入れて沸騰させ、チキンラーメン1袋を規定時間ゆでる。

2 麺とスープを分け、麺にごま油小1、おろしにんにく・麺つゆ各小½を混ぜる。

3 器に2とスープを別々に盛り、麺に刻みねぎ・刻みのり各適量、卵黄1個分、バター10gをのせる。

POINT! 卵黄をくずし、バターと混ぜながら食べる。

NO. 261 チキンラーメンでカリッとベーコン油そば

1人分

1. チキンラーメン1袋を規定通りゆで、麺とスープを分ける。
2. フライパンにごま油小1を熱し、ベーコン30g（細切り）を炒める。
3. 弱火にしておろしにんにく・豆板醤各小1、麺を加え、軽く炒める。器に盛り、刻みねぎ適量、卵黄1個分をのせる。スープも別の器に盛る。

POINT! ベーコンはカリカリになるまで炒める。スープも捨てずに添えれば2品献立に。

NO. 262 止まらないうまさ! うま辛チキンラーメン

1人分

1. チキンラーメン1袋を規定通りゆで、麺とスープを分ける。
2. フライパンにごま油小1を熱し、ウインナー3本（斜め薄切り）を炒める。
3. ケチャップ大1、コチュジャン小1、おろしにんにく小½、麺を加えてからめる。器に盛り、白ごま・刻みねぎ各適量、卵黄1個分をのせる。スープも別の器に盛る。

POINT! ウインナーに焼き色がついたら調味料と麺を加える。

NO. 263 チキンラーメンで最高のペペロンチーノ

1人分

1. チキンラーメン1袋を規定通りゆで、麺とスープを分ける。
2. フライパンにオリーブ油小1を熱し、ベーコン30g（細切り）、にんにく1片（薄切り）、鷹の爪1本（輪切り）を炒める。
3. 火を止め、麺を加えてからめる。スープと別々に器に盛る。

POINT! にんにくの香りを引き出し、ベーコンに焼き色をつける。

やる気TIPS

ベーコンやウインナーはボリュームアップはもちろん、旨みもプラスできます。

NO. 264 絶品のガーリック麺つゆバターチキンラーメン

1人分

1 チキンラーメン1袋を規定通りゆで、麺とスープを分ける。

2 フライパンにごま油小1を熱し、にんにく1片(薄切り)を焼き色がつくまで炒める。

3 弱火にして麺、麺つゆ小1を加えてからめる。器に盛り、卵黄1個分、刻みねぎ適量、バター10gをのせる。スープも別の器に盛る。

POINT! 弱火と中火の間でにんにくに焼き色をつけ、香りを出す。

NO. 265 サッポロ一番で本格味噌バターナポリタン

1人分

1 沸騰した湯でインスタント袋麺(味噌味)1袋の麺を規定時間ゆで、水気をきる。

2 フライパンにオリーブ油小1を熱し、ウインナー2本(斜め薄切り)、玉ねぎ¼個(薄切り)を炒める。

3 **1**、ケチャップ大1、黒こしょう適量、付属のスープの素½袋を加えてからめ、粉チーズ適量をかけ、バター10gをのせる。

POINT! ウインナーを炒めるとき、おろしにんにく小1加えても。仕上げにパセリをふっても。

NO. 266 サッポロ一番で超濃厚味噌バター油そば

1人分

1 沸騰した湯でインスタント袋麺(味噌味)1袋の麺を規定時間ゆで、水気を軽くきる。

2 ボウルに**1**、ごま油大1、おろしにんにく小½、付属のスープの素½袋を入れ、よく混ぜる。

3 付属の鷹の爪1袋、卵黄1個分、バター10g、刻みねぎ適量をのせる。

POINT! 卵黄をくずし、バターと混ぜながら食べて。

NO. 267 濃厚バタークリーム味噌ラーメン

1人分

1 鍋に牛乳200mℓ、水100mℓを入れて沸騰させ、インスタント袋麺(味噌味)1袋の麺を規定時間ゆでる。

2 火を止めてピザ用チーズ30g、オリーブ油小1、付属のスープの素½袋を加えて混ぜる。

3 好みで黒こしょう・パセリ各適量をかけ、バター10gをのせる。

チーズが溶けてスープにとろみがつく。

NO. 268 辛ラーメンでピリ辛無限油そば

1人分

1 鍋に水300mℓを入れて沸騰させ、辛ラーメン1袋の麺、付属のスープの素½袋、付属のかやく1袋を入れ、規定時間ゆでる。

2 スープと麺を分け、麺にごま油・みりん各大1、おろしにんにく小½を混ぜる。

3 **2**とスープを別々に器に盛り、麺にもみのり・刻みねぎ・白ごま各適量、卵黄1個分をのせる。

麺に味をつけるので付属のスープの素は半量に。

やる気TIPS

辛みが強めなラーメンも、卵黄によってまろやかさが加わってやわらぎます。

NO. 269 フライパンで一発! 辛ラーメンカルボナーラ

1人分

1 フライパンにバター10gを溶かし、ウインナー2本(斜め薄切り)を炒める。

2 水100mℓ、牛乳200mℓ、付属のスープの素½袋を加え、煮立てる。

3 辛ラーメン1袋の麺を加え、麺がほぐれたら火を止めてピザ用チーズ30g、卵黄1個分を加えて混ぜる。

チーズと卵は余熱で火を通し、混ぜながらとろみをつける。

NO. 270 豆乳とチーズの辛ラーメン

1人分

1. 鍋に豆乳(調整)200mℓ、水100mℓを入れて温め、辛ラーメン1袋の麺、付属のかやく1袋、付属のスープの素½袋を入れ、規定時間ゆでる。
2. 火を止めてごま油小1、ピザ用チーズ30gを加えて混ぜ、パセリ適量をかける。

POINT!
豆乳の代わりに牛乳でもOK。

NO. 271 最高級にうまいチーズソースの辛ラーメン

1人分

1. フライパンに牛乳200mℓ、水100mℓを入れて温め、辛ラーメン1袋の麺、付属のかやく1袋、付属のスープの素½袋を入れ、規定時間ゆでる。
2. 火を止めてピザ用チーズ30gを加えてからめ、黒こしょう・パセリ各適量、卵黄1個分をのせる。

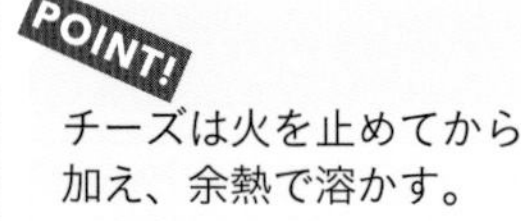

POINT!
チーズは火を止めてから加え、余熱で溶かす。

NO. 272 究極のビビン辛ラーメン

1人分

A | 麺つゆ・酢各小1、ごま油小2、砂糖・コチュジャン各小½

1. 沸騰した湯450mℓに辛ラーメン1袋の麺、付属のかやく1袋、付属のスープの素½袋を入れて規定時間ゆで、麺とスープを分ける。
2. 麺とAを混ぜる。
3. 器に2とスープを別々に盛り、麺に刻みねぎ・刻みのり各適量、卵黄1個分をのせる。

POINT!
麺の汁気をよくきってから調味料とあえる。

Motivation is 1%

PART

野菜は1種類でシンプルに食す

ごちそう＝食材をたくさん使うもの、ではありません。
野菜たったひとつだけで、大満足なおかずのできあがり。
素材本来の味を楽しめる96品を一気にご紹介!

NO. 273 ポン酢のクリームチーズトマト漬け

1〜2人分

1 ごま油・ポン酢各小1、砂糖小½を混ぜる。

2 ミニトマト7個(半分に切る)、クリームチーズ2個(小さく切る)と1をあえ、黒こしょう適量をかける。

クリームチーズは1個＝16.3gのものを使用。

NO. 274 ミニトマトガーリックあえ

1〜2人分

1 オリーブ油大1、鶏ガラの素小⅓、おろしにんにく小1を混ぜる。

2 ミニトマト7個(半分に切る)と1をあえ、黒こしょう・パセリ各適量をかける。

生にんにくのすりおろしやガーリックペッパーでもOK。

NO. 275 クリームチーズで一口カプレーゼ

1〜2人分

1 生ハム6枚でミニトマト6個を包み、上にクリームチーズ2〜3個(小さく切る)をのせる。

2 オリーブ油小1を全体にかけ、黒こしょう・パセリ各適量をかける

トマト1個を生ハム1枚でふんわり包む。

NO. 276 だしチーズトマト

1〜2人分

1. オリーブ油大1、白だし小1を混ぜる。
2. トマト中2個(一口大に切る)に1をかけ、粉チーズ・パセリ各適量をかける。

POINT! ミニトマト10個でつくってもOK。切らずに調理できる。

NO. 277 塩昆布鶏ガラのやみつきトマト

1〜2人分

保存容器にミニトマト10個(半分に切る)、塩昆布大1、ごま油小1、鶏ガラの素・おろしにんにく・おろししょうが各小½、白ごま適量を入れて混ぜ、10分漬ける。

POINT! 袋に入れて漬けてもOK。

NO. 278 和風チーズ無限トマト

1〜2人分

1. トマト中2個(一口大に切る)とオリーブ油大1、麺つゆ小2、塩少々をあえる。
2. 器に盛り、粉チーズ・パセリ各適量をかける。

POINT! 麺つゆとオリーブ油だけでも和風マリネに。

やる気TIPS
ミニトマトはヘタを残しておくと雑菌が繁殖しやすいので、取ってから保存を。

NO. 279 本気の無限トマト

1〜2人分

1 トマト中2個(角切り)に塩少々をふる。

2 オリーブ油・ポン酢各小2、砂糖小1を混ぜる。

3 2を1にかけ、粉チーズ・パセリ各適量をかける。

POINT! トマトに塩をふると甘みが引き立つ。

NO. 280 無限に食べられるミニトマトのナムル

1〜2人分

ミニトマト10〜12個(半分に切る)とごま油小1、鶏ガラの素小⅓、白ごま適量をあえる。

POINT! 多めにつくって冷蔵庫で2日ほど保存可能。

NO. 281 トマトのオリーブオイル漬け

1〜2人分

保存袋にミニトマト10個(半分に切る)、オリーブ油・酢各大2、レモン汁・砂糖・おろしにんにく各小1を入れて混ぜ、一晩漬ける。好みでパセリをふる。

POINT! 多めにつくってもOK。冷蔵庫で2日保存可能。

超簡単
居酒屋レシピ!

NO. 282 きゅうりのコチュジャン麺つゆピリ辛あえ

1～2人分

保存袋にきゅうり1本(一口大の乱切り)、麺つゆ小2、コチュジャン・ごま油各小1、おろしにんにく小½、白ごま適量を入れて混ぜ、一晩漬ける。

POINT!
袋に入れたまま冷蔵庫に入れ、3日ほど保存可。

NO. 283 悪魔の韓国風うま辛きゅうり漬け

間違いなく
お酒がすすむ!

1～2人分

1 白ねぎ20cm(みじん切り)、麺つゆ大4、おろしにんにく小½、白ごま適量を混ぜる。

2 保存容器にきゅうり3本(皮を縞模様にむいて長さを半分に切る)、1、鷹の爪1本(輪切り)を入れてなじませ、一晩漬ける。

きゅうりはピーラーなどで縞模様に皮をむくと味がほどよくしみる。

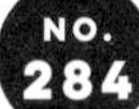

NO. 284 きゅうりポン酢漬け

1～2人分

保存袋にきゅうり1本(長さを半分に切って縦に薄切り)、ポン酢・ごま油各小2、砂糖・白ごま各小1を入れて混ぜ、一晩漬ける。かつお節適量をのせる。

わさびを少し加えると風味がよりよくなる。

ポン酢で
さっぱり!

やる気TIPS

同じ野菜でも、切り方を変えるだけで印象が変わるので、ぜひお試しを。

ツナと塩昆布の
旨みがきいてる!

NO. 285 超絶品! やみつき ツナ塩昆布きゅうり

1〜2人分

保存袋に<u>きゅうり1本</u>(細切り)、<u>ツナ1缶</u>(70g)、<u>塩昆布大1</u>、<u>ごま油・顆粒だし各小½</u>、<u>白ごま適量</u>を入れて混ぜ、一晩漬ける。

冷蔵庫で2日ほど保存可能。お弁当にもおすすめ。

NO. 286 ごま油香る ツナきゅうり

1〜2人分

保存容器に<u>きゅうり1本</u>(一口大の乱切り)、油をきった<u>ツナ1缶</u>(70g)、<u>ごま油・麺つゆ・砂糖各小1</u>、<u>鶏ガラの素小½</u>を入れて混ぜ、10分おく。<u>白ごま適量</u>をふる。

きゅうりは乱切りにすると歯ごたえを味わえる。

NO. 287 やみつき 塩だれきゅうり

1〜2人分

1 <u>ごま油小2</u>、<u>鶏ガラの素小⅓</u>、<u>塩1つまみ</u>、<u>白ごま・ラー油各適量</u>を混ぜる。

2 保存容器に<u>きゅうり1本</u>(長さを半分に切って縦に薄切り)を入れて**1**を加えてあえ、30分以上漬ける

きゅうりは長さを半分に切り、薄くスライス。

NO. 288 無限に食べられるきゅうりのキムチ漬け

1〜2人分

保存袋にきゅうり1本(一口大の乱切り)、キムチ100g、ごま油小1、鶏ガラの素・おろしにんにく・おろししょうが各小½を入れて混ぜ、30分漬ける。刻みのり適量をのせる。

POINT! 袋に入れたら軽くもんで調味料を行き渡らせる。

NO. 289 旨みたたききゅうり

1〜2人分

1 きゅうり1本は皮を縞模様にむいて長さを半分に切り、袋に入れてたたく。

2 焼き肉のたれ小2、砂糖小½、醤油・おろしにんにく各小1を加え、1時間ほど漬ける。

POINT! 包丁は危ないので、へらなどでたたいて軽くつぶして。

NO. 290 麺つゆと鶏ガラの無限きゅうり

1〜2人分

保存袋にきゅうり2本(1㎝幅の輪切り)、麺つゆ大2、鶏ガラの素小1、おろしにんにく・おろししょうが各小½、白ごま適量を入れて混ぜ、一晩漬ける。

POINT! 漬け時間を短縮したい方は薄切りにするとしみやすい。

やる気TIPS

きゅうりはたたくと味がよくしみます。袋に入れて麺棒やマグカップでたたいて。

ご飯の
おともにもなる！

NO. 291 やみつき ピリ辛きゅうり

1〜2人分

保存容器にきゅうり3本(長さを半分に切って縦に薄切り)、麺つゆ大2、ごま油・水各大1、コチュジャン小2、白ごま適量を入れて混ぜ、一晩漬ける。もみのり適量をのせる。

好みで一味や七味、ラー油を足しても。

ごま油の香りが
たまらない！

NO. 292 究極の無限きゅうり

1〜2人分

保存袋にきゅうり1本(一口大の乱切り)、麺つゆ大3、ごま油小1、おろしにんにく1片分、白ごま適量を入れて混ぜ、30分漬ける。好みでラー油適量をかける。

酢を少しだけ足しても美味しい。

一晩で
止まらない味に！

NO. 293 やみつききゅうり

1〜2人分

1 きゅうり3本は皮を縞模様にむき、長さを半分にしてから縦半分に切り、保存容器に入れる。

2 麺つゆ大3、顆粒だし小½、おろしにんにく・ごま油各小1、ラー油適量を混ぜ、**1**に加えて一晩漬ける。白ごま適量をふる。

きゅうりと調味料をよくなじませてから冷蔵庫へ。

NO. 294

なすの中華風甘酢炒め

1～2人分

A 醤油大1、砂糖・みりん・酒・酢各小2、鶏ガラの素小⅓

1. なす1本(輪切り)に片栗粉大2をまぶす。
2. ごま油小1を熱したフライパンで1を炒める。
3. 焼き色がついたら弱火にし、Aを加えてあえる。
4. 白ごま・刻みねぎ各適量を散らす。

POINT! なすに油と調味料をしっかり吸わせる。

NO. 295

なすのから揚げ

1～2人分

1. なす1本(一口大に切る)、焼き肉のたれ大1、おろししょうが・おろしにんにく各小½を混ぜ、片栗粉大4をまぶす。
2. なすが半分ひたるくらいの油を熱したフライパンで1をカラッと揚げる。

NO. 296

なすのユッケ

1～2人分

1. ごま油小1を熱したフライパンでなす1本(細切り)を軽く炒める。
2. 焼き肉のたれ小2、おろしにんにく・おろししょうが各小½、コチュジャン小1を加えてあえる。
3. 白ごま・刻みねぎ各適量をふり、卵黄1個分をのせる。

やる気TIPS

なすは、切ったあとすぐに加熱するのであればアク抜きする必要なし。

味強めの
もう一品!

NO. 297 ツナあえズッキーニ

1～2人分

ズッキーニ１本(薄い輪切り)、ツナ１缶(70ｇ)、塩昆布大１、おろしにんにく小½、ごま油小１をあえる。

レンジ

NO. 298 バター醤油ズッキーニ

1～2人分

1 容器にズッキーニ１本(薄い輪切り)、醤油小２、みりん・砂糖各小１、バター10gを入れてラップをし、４分チン。

2 よく混ぜ、白ごま適量をふる。

POINT! 追いバターもおすすめ！

NO. 299 ポン酢でステーキズッキーニ

1～2人分

1 ごま油小２を熱したフライパンでズッキーニ１本(縦に薄切り)を炒める。

2 焼き色がついたらポン酢大１½、砂糖小１を加えてさらに炒める。

3 白ごま適量をふる。

NO. 300 悪魔のよだれアボカド

1〜2人分

1 白ねぎ20g(みじん切り)、焼き肉のたれ大2、ごま油小1、コチュジャン小½、ラー油・白ごま各適量を混ぜる。

2 器にアボカド1個(皮と種を取って1cm幅に切る)を盛り、1をかける。

POINT! 調味料をよく混ぜてからアボカドにかける。

NO. 301 やみつきアボカド

1〜2人分

1 アボカド1個(皮と種を取って一口大に切る)を器に盛る。

2 麺つゆ小2、ごま油・おろしにんにく・おろししょうが各小½を混ぜて1にかけ、かいわれ大根適量をのせる。

POINT! アボカドは半分に切って1cm幅くらいに切る。

NO. 302 お家居酒屋! アボカドレモンガーリック

1〜2人分

1 アボカド1個(皮と種を取って一口大に切る)と焼き肉のたれ大1、レモン汁・ごま油小½、おろしにんにく1片分、白ごま適量をあえる。

2 器に盛り、刻みのり適量をのせる。

やる気TIPS

むいたアボカドを保存する際は、切り口にレモン汁をかけると変色を防げます。

NO.303 麺つゆ照り焼きじゃがバター

1～2人分

1 容器にじゃがいも2個(皮をむいて小さく切る)、水大1を入れ、ラップをして4分チン。

2 1に片栗粉大1、塩少々をまぶし、バター10gを溶かしたフライパンで焼き色がつくまで炒める。

3 麺つゆ・マヨ各大1、砂糖小1を加えてからめ、黒こしょう・パセリ各適量をふり、バター適量をのせる。

POINT!
盛りつけ後に追いバターをして風味を濃厚に。

NO.304 悪魔のピザ風ガレット

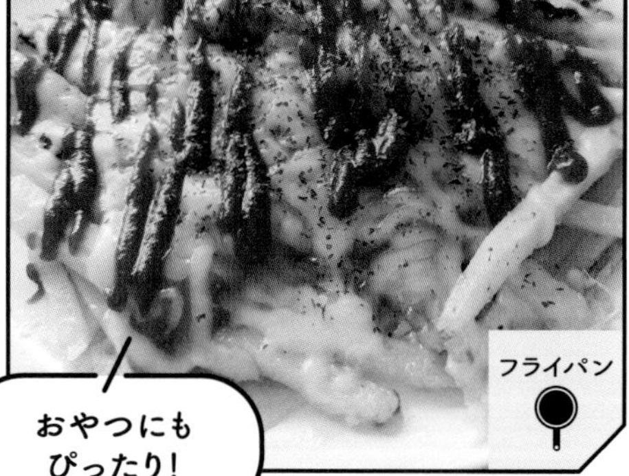

1～2人分

A ケチャップ大3、マヨ大1、醤油小1、おろしにんにく小½

1 じゃがいも2個(皮をむいて棒状に切る)に片栗粉大2、顆粒コンソメ小1をからめる。

2 フライパンにオリーブ油大1を入れて1を炒めたら、両面を焼きつける。

3 弱火にして合わせたAを片面に塗り、ピザ用チーズ50gをのせてふたをする。器に盛り、ケチャップ適量をかけ、パセリ適量をふる。

NO.305 至福のバターのり塩いも餅

1～2人分

1 容器にじゃがいも3個(皮をむいて小さめに切る)と水大1を入れ、ラップをして4分チン。

2 1をよくつぶし、青のり小1、塩小½、片栗粉大1を加えて混ぜる。

3 フライパンにごま油大1を熱し、2をスプーンですくい落として焼く。焼き色がついたら火を止め、バター10gを加えてからめる。

NO. 306

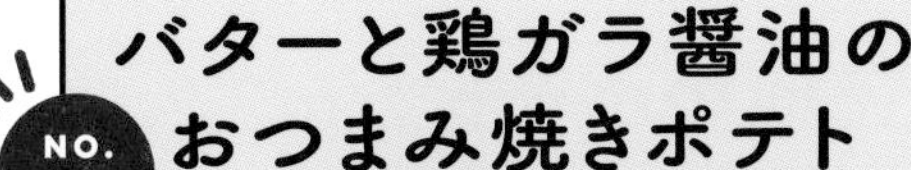

バターと鶏ガラ醤油のおつまみ焼きポテト

1～2人分

A 醤油・みりん各小2、砂糖・鶏ガラの素各小1、黒こしょう適量

1. 容器にじゃがいも3個(皮をむいてくし形切り)、水大1を入れ、ラップをして5分チン。
2. フライパンにバター20gを溶かし、1を炒める。
3. 焼き色がついたら弱火にし、**A**を加えてからめる。

じゃがいもは食べやすいよう細めのくし形切りに。

NO. 307

最高に美味!みたらしじゃがいも

1～2人分

1. 容器にじゃがいも2個250g(皮をむいて小さく切る)、水大1を入れ、ラップをして6分チンしてつぶす。
2. 片栗粉大1½を加えて混ぜ、一口大に丸める。
3. バター20gを溶かしたフライパンで2を焼き、両面に焼き色がついたら、弱火にして醤油大1、砂糖小1、水溶き片栗粉(水大1に片栗粉小1を溶く)を加えてからめる。

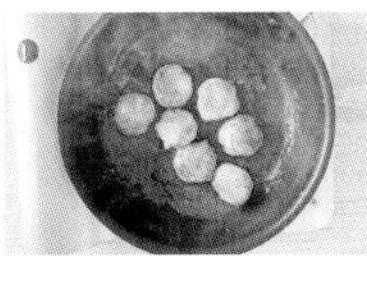

焼くときの火加減は弱火と中火の間で。

NO. 308

ハニーチーズいも餅

1～2人分

1. 容器にじゃがいも2個(皮をむいて細かく切る)、水大1を入れ、ラップをして8分チン。
2. 片栗粉大2、牛乳大1、ピザ用チーズ30g、はちみつ大1½を加えて混ぜ、一口大に丸める。
3. フライパンにバター20gを溶かし、弱火で2を焼き色がつくまで焼く。はちみつ適量をかける。

6等分くらいにして平たく丸める。

やる気TIPS

じゃがいもは常温保存でOK。芽が出やすくなるため、光の当たる場所は避けて。

NO.309 究極のポテトチップス

1〜2人分

1 じゃがいも2個(皮をむいて薄切り)に顆粒コンソメ小1、片栗粉大1をからめる。

2 フライパンに油大3を熱し、1を焼き色がつくまで揚げ焼きにする。

POINT! ピーラーやスライサーを使うと簡単に薄く切れる。

NO.310 悪魔のチーズマヨポテト

1〜2人分

1 容器にじゃがいも2個200g(皮をむいて一口大に切る)、水大1を入れ、ラップをして4分チン。

2 マヨ大1、醤油小1、ピザ用チーズ1つかみを加えて混ぜ、再びラップをして1分チン。パセリ適量をかける。

POINT! チーズをチンで溶かしてなじませる。

NO.311 塩昆布のコロコロうまじゃが

1〜2人分

1 じゃがいも2個(皮をむいて小さく切る)、水大1を入れ、ラップをして3分チンし、片栗粉大1をまぶす。

2 フライパンに油小2を熱して1を炒め、バター10g、塩昆布大2を加えてからめる。黒こしょう・パセリ各適量をかける。

POINT! じゃがいもに軽く焼き色をつけたら調味料をからめる。

NO. 312 カレー風味のとろとろオニオンスープ

1人分

1 玉ねぎ1個の上下を切り落とし、十字に切り込みを入れる。

2 容器に水500㎖、カレー粉・顆粒コンソメ各小1を入れて混ぜ、1を加える。

3 ラップをして10分チン。黒こしょう・パセリ各適量をかける。

POINT! 玉ねぎを切ってくずしながら食べる。

NO. 313 玉ねぎ餅

1～2人分

A 鶏ガラの素・おろしにんにく・おろししょうが各小½、片栗粉大3、塩少々、こしょう適量

1 容器に玉ねぎ1個(みじん切り)を入れ、ラップをして2分チン。

2 1にAを混ぜ、一口大に丸める。

3 フライパンにごま油大1を熱し、2を焼き色がつくまで焼く。

POINT! 4等分くらいにして平たく丸める。

NO. 314 玉ねぎバターチーズステーキ

1～2人分

1 フライパンにバター10gを溶かし、玉ねぎ1個(輪切り)、にんにく1片(薄切り)を炒める。

2 玉ねぎの両面に焼き色がついたら火を止め、醤油小1、塩少々、黒こしょう適量を加えてあえる。

3 粉チーズ・パセリ各適量をふる。

やる気TIPS
玉ねぎを切るときに涙が出るのを防ぐには、切れ味のいい包丁を使ってみて。

NO. 315 ピーラーで無限にんじん

1～2人分

1 容器ににんじん1/2本(ピーラーで薄切りにする)、オリーブ油小2、水大1を入れ、ラップをして2分半チン。

2 麺つゆ小1であえ、白ごま適量をふる。

NO. 316 フライドにんじん

1～2人分

1 にんじん1/2本(棒状に切る)、麺つゆ大1、おろしにんにく小1/2を混ぜ、片栗粉大2をまぶす。

2 油適量を熱したフライパンでにんじんを揚げる。

3 器に盛り、塩少々をふる。

油の量はにんじんがひたるくらいが目安。

NO. 317 にんじんステーキ

1～2人分

1 オリーブ油小2を弱火と中火の間で熱したフライパンでにんじん1本(縦に薄切り)を炒める。

2 顆粒コンソメ小1、塩こしょう少々をふり、火が通ったらパセリ・粉チーズ各適量をかける。

NO. 318 無限に食べられるピーマンおかか

1～2人分

1 容器にピーマン3個(種を取って細切り)、水大1を入れ、ラップをして4分チン。

2 麺つゆ大1、ごま油小½、顆粒だし小⅓、ラー油・かつお節各適量を加えて混ぜる。

かつお節でピーマンの苦みがやわらぐ。

NO. 319 ツナピーマン

無限に食べられる！

1～2人分

ピーマン100g(細切り)にツナ1缶(70g)、鶏ガラの素小½、麺つゆ小1、塩少々、こしょう適量をあえる。

調味料が行き渡るようしっかり混ぜる。

NO. 320 中華風ちくわピーマン

1～2人分

1 ごま油小1を熱したフライパンでピーマン3個(輪切り)、ちくわ2本(輪切り)を炒める。

2 弱火にして白だし小⅓、豆板醤・おろしにんにく各小½を加えてあえる。

3 白ごま適量をふる。

ピーマンとちくわは0.5mm程度の幅に切る。

やる気TIPS
包丁やまな板を使いたくないときは、ピーラーやキッチンバサミに頼っても。

ごまの風味で
美味しく変身！

NO. 321 最高に美味！無限ごまキャベ

1～2人分

容器に**キャベツ¼個**（5㎜幅に切る）、**麺つゆ大3**、**すりごま大1**、**顆粒だし小1**を入れ、ラップをして2分チン。

POINT! 加熱後よく混ぜて調味料をなじませる。

さっぱり
中華風！

NO. 322 シャキシャキわかめキャベツ

1～2人分

1 **乾燥わかめ大1**を湯でもどす。

2 **キャベツ200g**（1㎝幅に切る）、**1**、**ごま油・ポン酢各小1**、**鶏ガラの素小½**、**白ごま適量**を混ぜる。

POINT! 辛いのが好きな方はラー油を足してもOK。

手間いらずで
居酒屋レシピ！

NO. 323 最強やみつきキャベツ

1～2人分

1 容器に**焼き肉のたれ大1**、**砂糖・ごま油・味噌各小1**を入れて混ぜ、20秒チン。冷蔵庫で冷まし、**白ごま適量**を混ぜる。

2 **キャベツ¼個**（ほぐす）の上に**1**をかけ、**レモン汁適量**をかける。

POINT! キャベツは、大きい葉は適当な大きさにちぎる。

NO. 324 レタスポン酢サラダ

1〜2人分

1 レタス4〜5枚(一口大にちぎる)とポン酢大1、ごま油小1、おろしにんにく・おろししょうが各小½をあえる。

2 もみのり適量をのせ、白ごま適量をふる。

NO. 325 旨み塩昆布レタス

1〜2人分

レタス3〜5枚(一口大にちぎる)と塩昆布大1、ごま油・麺つゆ各小½、白ごま小1をあえる。

NO. 326 豚こまレタしゃぶ

1〜2人分

A 醤油大1、酒・みりん・鶏ガラの素・砂糖各小1

1 鍋に水200mℓを入れて火にかけ、沸騰したら豚こま肉100gをゆでる。

2 肉に火が通ったら弱火にしてAとレタス2〜3枚(一口大にちぎる)を加える。

3 黒こしょう適量をふる。

POINT! 汁も肉と一緒に器に入れる。

やる気TIPS

キャベツは芯を取るか、芯につまようじを数本刺して保存すると長持ちします。

NO. 327 お家居酒屋！もやしキムチナムル

1〜2人分

A 白だし・顆粒だし各小½、ごま油小1、白ごま・ラー油各適量

1 容器にもやし½袋(100g)を入れ、1分半チンして冷ます。

2 乾燥わかめ大1は湯でもどして冷ます。

3 1、2、キムチ100g、**A**を混ぜ、刻みねぎ適量をかける。

POINT! もやしはラップなしで軽くチンし、シャキシャキ感を残す。

NO. 328 やみつきもやしナムル

超ヘルシーなおつまみ！

1〜2人分

A ポン酢大1½、ごま油大2、鶏ガラの素・豆板醤各小1、白ごま適量

1 容器にもやし1袋(200g)を入れ、1分チン。

2 水気をきって**A**を混ぜ、刻みねぎ適量をのせる。

POINT! もやしは洗ってラップなしでチンし、水分をとばす。

NO. 329 悪魔のもやし明太子マヨ

1〜2人分

1 容器にもやし1袋(200g)を入れ、ラップをして2分チン。

2 明太子50g(ほぐす)、マヨ大1、麺つゆ・ごま油各小1、顆粒だし小⅓を加えてあえ、刻みねぎ適量をのせる。

POINT! 調味料をあえる前にもやしの水気をよくきる。

NO. 330 アスパラバター ベーコン

1〜2人分

1. フライパンにバター10gを溶かし、ベーコン30g(短冊切り)、アスパラガス3本(斜めに切る)を炒める。
2. 弱火にして醤油小2、みりん・砂糖各小1、レモン汁小½を加えてからめる。
3. 黒こしょう適量をふる。

ベーコンとアスパラガスに火が通ったら調味料を入れる。

NO. 331 アスパラフライ

1〜2人分

1. アスパラガス1束(3cm長さに切る)に小麦粉大2→溶き卵1個分→パン粉大3の順でまぶす。
2. アスパラガスがひたるくらいの油を熱したフライパンで揚げる。
3. 粉チーズ適量をふる。

衣をたっぷりとつけても美味しい。

NO. 332 アスパラ竜田揚げ

フライパン

味つけは
2つだけ!

1〜2人分

1. アスパラガス1束(5cm長さに切る)、おろしにんにく小½、麺つゆ大1を混ぜる。
2. 片栗粉大1をまぶし、アスパラガスがひたるくらいの油を熱したフライパンで揚げる。

やる気TIPS

アスパラガスは穂先と根元で火の通り具合が違うので、加熱するときは時間差で。

NO. 333 ブロッコリー ツナマヨあえ

1～2人分

1 ブロッコリー100g(一口大に切る)、ツナ1缶(70g)、麺つゆ大1を混ぜ、ラップをして5分チン。

2 マヨ大1を混ぜる。

POINT! ブロッコリーに火が通ったか確認してレンチン時間を調整。

NO. 334 中華風 ブロッコリースープ

1～2人分

A 醤油・酒各大1、白だし・砂糖・鶏ガラの素各小1

1 ごま油小1を熱したフライパンでブロッコリー150g(一口大に切る)、ちくわ2本(輪切り)を炒める。

2 水300mℓを加えて熱し、Aを加えて混ぜ、水溶き片栗粉(水大1に片栗粉小1を溶く)を加えて温める。

3 溶き卵1個分をゆっくり混ぜながら加え、固まってきたら火を止める。

NO. 335 ブロッコリースープ

1～2人分

1 鍋に牛乳150mℓ、水100mℓを入れて火にかけ、沸騰させる。

2 ベーコン30g(短冊切り)、ブロッコリー150g(小房に分ける)を加えて煮る。

3 バター10g、顆粒コンソメ小1、黒こしょう適量を加えて混ぜる。

NO.336 無限オクラ

1～2人分

1. オクラ5本に塩適量をすり込み、沸騰した湯でゆでる。
2. 食べやすい大きさに切り、麺つゆ大1、ごま油小1、ラー油適量をかける。

NO.337 オクラのすりごまポン酢

1～2人分

1. オクラ5本をさっとゆでて食べやすい大きさに切る。
2. ポン酢小2、すりごま適量、顆粒だし・おろししょうが各小½を加えてあえる。

フライパン

くせになる
食感!

NO.338 オクラのから揚げ

1～2人分

1. オクラ5本(半分に切る)に焼き肉のたれ小2、鶏ガラの素・おろしにんにく各小½をあえる。
2. 片栗粉大2をまぶし、油大6を熱したフライパンで揚げる。

やる気TIPS

ブロッコリーの茎は外側のかたいところをむけば食べられます。捨てずに活用を。

NO. 339 小松菜ピリ辛ナムル

濃い味で
ご飯が進む！

1～2人分

1 小松菜1束（ざく切り）をさっとゆでる。

2 麺つゆ小2、ごま油小1、鶏ガラの素小⅓、おろしにんにく小½、ラー油・白ごま各適量であえる。

NO. 340 チンゲン菜かまぼこおひたし

1～2人分

1 鍋に水100mℓ、みりん・醤油各大1、白だし・顆粒だし各小1を入れて火にかける。

2 チンゲン菜1株（ざく切り）、かまぼこ1個（食べやすい大きさに切る）を加えて煮る。

かまぼこは1cm程度の厚さに切り分けてから、縦に食べやすく切る。

NO. 341 チンゲン菜としらすの中華風炒め

フライパン

しらすの
塩気が◎

1～2人分

1 ごま油小1を熱したフライパンでチンゲン菜¼束（ざく切り）、しらす30gを炒める。

2 チンゲン菜に火が通ったら白だし・鶏ガラの素各小½、溶き卵1個分を加えて炒める。

卵は好みのかたさでOK。

NO. 342 白ねぎオリーブオイル炒め

1～2人分

1 オリーブ油大2を熱したフライパンで白ねぎ⅓本(ぶつ切り)を炒める。

2 焼き色がついたら塩・黒こしょう各適量、おろしにんにく・顆粒だし各小½を加えてからめる。

NO. 343 白ねぎのバター醤油炒め

1～2人分

1 フライパンにバター10gを溶かし、白ねぎ⅓本(ぶつ切り)を炒める。

2 醤油小2、みりん・砂糖各小1をからめる。

3 黒こしょう適量をふる。

最後にバターをさらにのせても美味しい。

NO. 344 ピリ辛ツナねぎ

1～2人分

1 白ねぎ¼本(斜め切り)、ツナ1缶(70g)、麺つゆ小2、コチュジャン・おろしにんにく各小½を容器に入れ、混ぜる。

2 ラップをして2分チンし、白ごま適量をふる。

調味料をしっかり混ぜてからチンする。

やる気TIPS

和風のイメージが強い白ねぎですが、実は洋風メニューにもよく合います。

NO. 345 やみつき長いも ガーリック醤油漬け

1〜2人分

1 醤油大2、おろしにんにく・顆粒だし各小½、砂糖小1を混ぜる。

2 長いも300g(皮をむいて短冊切り)に1をかけ、刻みねぎ・刻みのり各適量をかける。

POINT! 長いもを盛ったら調味料をまんべんなくかける。

NO. 346 悪魔的に美味しい 長いものユッケ風

1〜2人分

1 長いも200g(皮をむいて短冊切り)、焼き肉のたれ大1、おろしにんにく・おろししょうが各小½、ごま油小1、白ごま適量をあえる。

2 刻みねぎ・刻みのり各適量、卵黄1個分をのせる。

POINT! 卵黄をくずして混ぜながら食べる。

NO. 347 本気の 長いものから揚げ

1〜2人分

A 醤油大1½、酒・みりん各小2、砂糖小1、おろしにんにく小½

1 保存容器に長いも300g(皮をむいて一口大に切る)、A を入れて混ぜ、30分以上漬ける。

2 片栗粉大3をまぶし、油大5を熱したフライパンで焼き色がつくまで揚げ焼きにする。

POINT! 片栗粉をまぶして表面をサクッとさせる。

NO. 348 超絶品レシピ！長いものいも餅

レンジ
フライパン
カリッとももっちり！

1～2人分

1 容器に長いも250g(皮をむいて一口大に切る)を入れ、ラップをして5分チン。

2 長いもをつぶし、ピザ用チーズ30g、鶏ガラの素小1強、片栗粉大3を混ぜ、一口大に丸める。

3 フライパンに油大4を熱し、弱火で**2**を揚げ焼きにする。刻みのり適量をのせる。

NO. 349 長いもキムチナムル

シャキッと食感が美味！

1～2人分

ボウルに長いも200ｇ(皮をむいて細切り)、キムチ80ｇ、ごま油小２、麺つゆ小１、白ごま大１を入れてあえ、10分漬ける。

POINT! ラー油やにんにくのちょい足しや卵黄をのせても◎。

NO. 350 長いものバターチーズステーキ

フライパン
しっとり口の中でとろける！

1～2人分

1 フライパンにバター10gを溶かし、おろしにんにく１片分、長いも200g(皮をむいて２㎝幅に切る)を炒める。

2 焼き色がついたら焼き肉のたれ大１を加えてからめ、弱火にしてピザ用チーズ30gを加え、ふたをして１分おく。刻みねぎ適量をのせる。

POINT! 片面に焼き色がついたら返し、調味料を加える。

やる気TIPS

長いもは切っても、すっても、焼いても、炒めても、揚げても美味しい優秀食材！

NO. 351 究極に美味! 長いもハッシュドポテト

1～2人分

1 長いも400g(皮をむいて1cm角に切る)、ピザ用チーズ30g、片栗粉大4、顆粒コンソメ小1を混ぜる。

2 1を一口大に丸め、油大4を熱したフライパンで揚げ焼きにする。ケチャップ適量を添える。

POINT! 両面に焼き色がつくまで揚げ焼きにする。

NO. 352 超絶品の 長いもフライドポテト

1～2人分

1 長いも300g(皮をむいて棒状に切る)に鶏ガラの素小1、片栗粉大2をまぶす。

2 フライパンに油大5を熱し、きつね色になるまで揚げ焼きにする。

NO. 353 レンジで簡単 えのきカルボナーラ

1～2人分

1 容器にえのき1袋(根元を切ってほぐす)、ベーコン30g(細切り)、塩・黒こしょう各少々を入れて混ぜ、バター10gをのせる。

2 ラップをして3分チン。

3 卵黄1個分を加えてからめ、粉チーズ適量をかける。

POINT! 粉チーズをかければかけるほど美味しい。

NO. 354

えのきのステーキ

1人分

A バター15g、醤油小1、酒・おろしにんにく・おろししょうが各小½

1 えのき1袋分の石づきを切り、根元から3～5cmくらいのところを切って片栗粉大1をまぶす。

2 フライパンに油小1を熱し、弱火で1をきつね色になるまで焼く。

3 Aを加えてからめ、卵黄1個分、刻みねぎ適量をのせる。

えのきを使うとき切り落としてしまうところを利用。

NO. 355

えのきの竜田揚げ

1～2人分

1 えのき1束(根元を切って小分けにする)と焼き肉のたれ大1、おろしにんにく・おろししょうが各小½をあえる。

2 片栗粉大2をまぶし、油大1を熱したフライパンで揚げ焼きにする。

えのきは束がバラバラにならないように根元を切る。

NO. 356

しいたけの竜田揚げ

1～2人分

1 しいたけ160g(石づきを切る)と焼き肉のたれ大1½、おろしにんにく1片分、おろししょうが小1、片栗粉大2を混ぜる。

2 油大4を熱したフライパンで揚げ焼きにする。

レモン汁をかけて食べるのもおすすめ。

やる気TIPS

しいたけは軸も食べられます。石づきだけ落としたら傘と一緒に使って。

NO. 357 麺つゆバター チーズしいたけ

1～2人分

1 フライパンにバター10gを溶かし、しいたけ5～7個(石づきを切る)を炒める。

2 焼き色がついたら麺つゆ大2、顆粒だし小1/2を加えてからめる。

3 弱火にしてピザ用チーズ20gを加え、ふたをして1分おく。黒こしょう・パセリ各適量をかける。

POINT!
しいたけの傘の裏にチーズをのせる。

NO. 358 絶品! 舞茸の ジューシーから揚げ

1～2人分

1 舞茸160g(適当な大きさにほぐす)に麺つゆ大2、顆粒だし小1/2、おろしにんにく1片分、おろししょうが小1を混ぜる。

2 片栗粉大3をまぶし、油大2を熱したフライパンで揚げ焼きにする。塩適量をかける。

POINT!
熱いうちに塩をふって。
レモン汁をかけても◎。

NO. 359 舞茸の カリカリチーズ焼き

1～2人分

1 舞茸1袋(適当な大きさにほぐす)に麺つゆ大1、鶏ガラの素小1/3をからめて片栗粉大2をまぶす。

2 フライパンに油小1を熱し、1を焼き色がつくまで炒める。

3 ピザ用チーズ30gを加えて溶かし、バター10gをのせる。

POINT!
チーズを加えたらカリカリになるまで熱する。

NO. 360

みたらし大学いも

1～2人分

1 容器にさつまいも200g(一口大に切る)と水大2を入れ、ラップをして5分チン。片栗粉小2をまぶす。

2 油大2を熱したフライパンで**1**を炒め、醤油・みりん各大1、砂糖小2を加えてあえる。

3 白ごま適量をあえる。

さつまいも バターポテト

1～2人分

1 フライパンにバター20gを溶かし、さつまいも200g(細切り)を炒める。

2 **1**に塩こしょう適量、鶏ガラの素小½、砂糖小1を加えて混ぜる。

黒こしょうをかけると味がランクアップ。

NO. 362

照り焼きかぼちゃ

1～2人分

A 醤油・みりん・酒各小2、砂糖小1、おろしにんにく小½

1 油小1を熱したフライパンでかぼちゃ200g(薄切り)を炒める。

2 かぼちゃに焼き色がついたら**A**を加えてあえ、白ごま適量をふる。

やる気TIPS

さつまいもやかぼちゃ、じゃがいもは皮つきのまま使えば時短になり栄養も摂取。

NO. 363 レンジで簡単! かぼちゃ煮

1～2人分

容器にかぼちゃ200g（2～3㎝角に切る）、麺つゆ大2、水大4、顆粒だし小½を入れ、ラップをして7分チン。

POINT! しっかりチンしてかぼちゃに火を通す。

NO. 364 マヨポン白菜

1～2人分

1 白菜200g(一口大に切る)に塩2つまみをまぶし、5分おく。

2 水気をきり、マヨ大1、ポン酢小2、顆粒だし小½、白ごま適量を加えて混ぜる。

POINT! 白菜に塩をふってしんなりしたら水気をよくきる。

NO. 365 至高の塩昆布ピリ辛白菜

1～2人分

白菜300g（一口大に切る）と塩昆布大2、ごま油小2、白だし・白ごま各小1、おろしにんにく小½をあえる。ラー油適量をかける。

POINT! 白菜が塩昆布の塩気でしんなりしてくる。

NO. 366 とろっとろの大根餅

1～2人分

1 大根300g(すりおろす)、醤油・みりん各大1、砂糖・顆粒だし各小1を混ぜる。

2 片栗粉・小麦粉各大2を加えてよく混ぜる。

3 2をスプーンで小分けにし、油大1を熱したフライパンで焼き色がつくまで焼く。

POINT! 大根おろしは水気を少しきっておく。好みで刻みのりや刻みねぎを。

NO. 367 ホクホク大根フライ

1～2人分

A | 醤油大1、みりん・酒各小2、砂糖・マヨ各小1

1 袋に大根200g(皮をむいて棒状に切る)、A を入れて混ぜ、30分以上漬ける。

2 片栗粉大3を加えてよく混ぜる。

3 フライパンに油大4を熱し、2を焼き色がつくまで揚げ焼きにする。塩少々をかける。

POINT! 熱いうちに塩をふって食べる。

NO. 368 無限ごぼうのから揚げ

1～2人分

1 保存容器にごぼう150g(皮をむいて適当な長さに切る)、麺つゆ大3、顆粒だし・おろしにんにく・おろししょうが各小1を入れて混ぜ、30分漬ける。

2 片栗粉大2をまぶし、油大4を熱したフライパンで1を弱火で揚げ焼きにする。

POINT! きつね色になるまでじっくり火を通す。

やる気TIPS
大根は、生でも焼いても煮ても揚げても美味しい、万能食材。

PART

ひらひら肉は時短の味方

薄切り肉やこま切れ肉などの“ひらひら肉”は、
火が通りやすい時短食材。使わない手はありません。
さまざまな味わいで楽しめる27品を集めました。

NO. 369

豚バラチーズくるくる煮

1～2人分

A 醤油大1、みりん・酒各小2、砂糖小1、おろししょうが小½

1 豚バラ薄切り肉140gに黒こしょう少々をかけ、ベビーチーズ4個を1個ずつのせて巻く。

2 容器に1、にんにく1片(薄切り)、A を入れ、ラップをして3分チン。かいわれ大根適量をのせる。

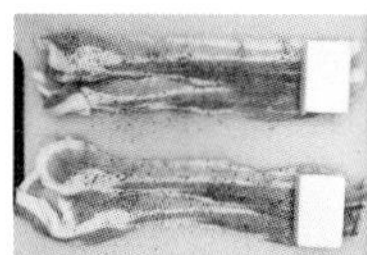

POINT! レンチン後、中まで火が通ったか確認する。

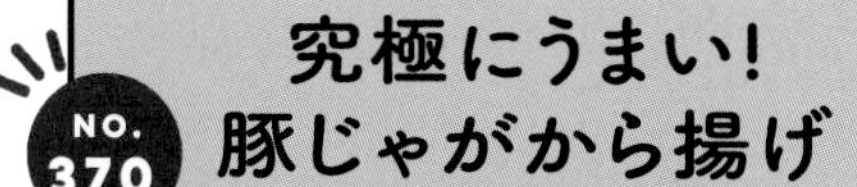

NO. 370

究極にうまい! 豚じゃがから揚げ

1～2人分

A 醤油小2、みりん・酒各小1、砂糖・鶏ガラの素各小½、マヨ大1、片栗粉大2

1 容器にじゃがいも2個(皮をむいて小さく切る)、水大1を入れ、ラップをして3分半チン。

2 豚バラ薄切り肉100g(小さく切る)、1、A を混ぜ、一口大に丸める。

3 フライパンに油大4を熱し、2を揚げ焼きにする。

POINT! きつね色になるまでころがしながら揚げ焼きにする。

NO. 371

とろとろ白だし豚バラ白菜

1～2人分

1 容器に豚バラ薄切り肉150g、白菜200g(一口大に切る)、にんにく1片(薄切り)、水大3、白だし・ごま油各小2、顆粒だし小½を入れる。

2 ラップをして10分チン。よく混ぜ、黒こしょう・刻みねぎ各適量をかける。

POINT! 加熱ムラを防ぐため肉は1枚ずつ広げて入れる。

やる気TIPS

かいわれ大根はピリッとした辛みが特徴で、生のまま使えば薬味的な役割も。

NO. 372 究極のねぎ塩レモン豚バラ鍋

1～2人分

A ごま油・鶏ガラの素・レモン汁各小1、塩小¼、黒こしょう適量

1. 白ねぎ1本(みじん切り)、**A**を混ぜる。
2. 鍋に水600mℓ、顆粒だし小½、白だし小2を入れて混ぜ、豚バラ薄切り肉200g、にんにく1片(薄切り)、白菜250g(一口大に切る)を煮る。
3. 豚肉に火が通ったら**1**を加え、スープになじませる。

POINT! ねぎだれと肉をからめてどうぞ。柚子こしょうとも合う。

NO. 373 豚バラもやしのペッパーレモン

1～2人分

A 醤油大1、砂糖・酒・レモン汁各小1、黒こしょう適量

1. 豚バラ薄切り肉100gに片栗粉大1をまぶし、油小1を熱したフライパンで炒める。
2. 焼き色がついたらもやし1袋(200g)、**A**を加えて炒め、刻みねぎ・バター各適量をのせる。

POINT! 肉に片栗粉をまぶすと調味料がからみやすい。

NO. 374 本気の豚バラジャーマンポテト

レンジ
フライパン
豚の脂がじゃがいもとマッチ!

1～2人分

1. 容器にじゃがいも250g(皮をむいて一口大に切る)、水大1を入れ、ラップをして3分チン。
2. フライパンにオリーブ油小2を熱し、豚バラ薄切り肉150gを炒める。
3. **1**、鶏ガラの素小½、麺つゆ小2、黒こしょう適量を加え、炒め合わせる。

POINT! 豚肉に焼き色がついたらじゃがいもを加える。

NO. 375 豚バラともやしの塩バター炒め

あっさりだけど大満足!

1～2人分

A 白だし小½、塩小¼、鶏ガラの素・おろしにんにく各小1、黒こしょう適量

1. フライパンにごま油小½を熱し、豚バラ薄切り肉100gを炒めて焼き色をつける。
2. 油をふき、もやし1袋(200g)、**A**を加えて炒める。
3. 刻みねぎ適量をかけ、バター10gをのせる

POINT! 肉から出た脂をペーパータオルでふいてからもやしを加える。

NO. 376 バター風味の照り焼きじゃが豚バラ

ご飯がすすむ甘辛味!

1～2人分

1. 容器にじゃがいも2個(皮をむいて小さく切る)、水大1を入れ、ラップをして5分チン。
2. フライパンにバター10gを溶かし、豚バラ薄切り肉120g、**1**を炒める。
3. 肉に焼き色がついたら、醤油・酒各大1、砂糖小2、黒こしょう適量を加えて炒める。

POINT! じゃがいもは加熱済みなので肉に焼き色がつけばOK。

NO. 377 梅だれと豚しそ巻き串

梅の酸味でさっぱり!

1～2人分

1. 容器にかつお梅干し3個(種を取って細かく刻む)、酒・水各大3、醤油小1½、顆粒だし大1を入れて混ぜ、15秒ほどチン。
2. 豚バラ薄切り肉120gで大葉4枚を巻いて幅1cmほどに切り、串に刺す。
3. 油小1を熱したフライパンで焼き、**1**をかける。

POINT! 豚肉を広げ、上に大葉を均等にのせて巻く。

やる気TIPS

大根をおろすなら、甘みのある上部がおすすめ。下部にいくほど辛みが増します。

NO. 378 至福の豚照りチーズ

濃厚な甘辛おかず!

フライパン

1〜2人分

1. 豚もも薄切り肉250gに塩こしょう少々、片栗粉大2をまぶし、油大1を熱したフライパンで炒める。
2. 油をふいて弱火にし、醤油大1、酒・みりん各小2、砂糖小1を加えてからめる。
3. 火を止めてピザ用チーズ50gをのせ、ふたをして1分おく。キャベツ100g(せん切り)の上にのせる。

肉に焼き色がついたら、余分な油をふいて調味料を加える。

NO. 379 悪魔のチーズブタッカルビ

ボリュームたっぷり!

フライパン

1〜2人分

1. フライパンにごま油小1を熱し、豚こま肉150g、おろしにんにく1片分を炒める。
2. 白ねぎ¼本(みじん切り)、焼き肉のたれ大1、コチュジャン小1を加え、炒める。
3. 火を止めてピザ用チーズ30gを加え、ふたをして1分おく。

POINT!

チーズを加えたら余熱で溶かす。

NO. 380 至福のねぎ塩バター豚カルビ

箸が止まらない最強のおかず

フライパン

1〜2人分

1. 豚こま肉200gに塩こしょう少々、片栗粉大1をまぶす。
2. フライパンにバター5gを溶かして1を炒め、白ねぎ¼本(みじん切り)、顆粒コンソメ小½を加えて炒める。
3. 弱火にして酒・みりん各大1、塩小⅓、砂糖小½を加え、2分ほど煮る。

豚肉に焼き色がついたら白ねぎを加える

NO. 381 マヨポン ガーリック豚肉

1〜2人分

1 豚こま肉150gに片栗粉大1をまぶす。

2 ポン酢大1½、砂糖小2、マヨ大1、おろしにんにく小½を混ぜる。

3 容器に玉ねぎ½個(薄切り)、1を入れて2をかけ、ラップをして5分チン。よく混ぜ、刻みねぎ適量をかける。

POINT! 肉に片栗粉をまぶすことでたれにとろみがつく。

NO. 382 サクッとできる 時短レタしゃぶ

1〜2人分

1 沸騰した湯で豚こま肉150gをゆで、水気をきる。

2 1とレモン汁小2、麺つゆ・ごま油各小1、塩小⅕をあえる。

3 レタス適量(一口大にちぎる)の上にのせ、刻みねぎ・白ごま各適量をかける。

POINT! 豚肉は色が変わる程度にさっとゆで、水気をよくきる。

NO. 383 至高の豚こまの焼き肉ジャーマンポテト

1〜2人分

1 容器にじゃがいも2個(皮をむいて一口大に切る)、水大1を入れ、ラップをして5分チン。

2 フライパンにオリーブ油小1を熱し、豚こま
2 肉120gを炒め、火が通ったら1を加えて炒める。

3 焼き肉のたれ大1、おろしにんにく小½、白ごま適量を加えて混ぜ、黒こしょう適量をふる。

POINT! じゃがいもはレンチンでゆでる手間を省く。

やる気TIPS

酒には、肉や魚などの素材の臭みを取る、身を柔らかくするなどの効果が。

PART 07

ひらひら肉は時短の味方・豚こま肉

NO. 384 極うまの豚肉と大葉のみぞれ煮

1〜2人分

1 豚こま肉200gに黒こしょう少々、片栗粉大1を混ぜ、油小1を熱したフライパンで弱火で炒める。

2 大根50g(すりおろす)、ポン酢大3、おろしにんにく・おろししょうが各小1を加え、弱火で煮る。大葉5枚(細切り)をのせる。

肉の色が変わったら、大根おろしや調味料を加える。

NO. 385 超絶品! ガーリックしょうが焼き

1〜2人分

1 フライパンにごま油小1を熱し、弱火でにんにく2片(薄切り)、豚こま肉300g、おろししょうが小½を炒める。

2 キャベツ3〜5枚(ざく切り)、醤油大1½、酒・みりん・砂糖各大1を加えて炒め合わせ、白ごま小1をふる。

肉に火が通ったらキャベツと調味料を加える。

NO. 386 甘辛冷しゃぶ

1〜2人分

A 醤油大2、酒・みりん各大1、コチュジャン・豆板醤各小½、おろしにんにく小1

1 フライパンに水1ℓを入れて沸騰させ、塩1つまみ、豚こま肉300gを入れてゆでる。氷水で冷やして水気をきる。

2 Aを混ぜる。

3 器にサニーレタス適量と1を盛って2をかけ、刻みねぎ・白ごま各適量をかける。

豚肉はゆですぎるとかたくなるので、色が変わる程度に。

NO. 387 豚肉と水菜の甘酢冷しゃぶ

1〜2人分

1 沸騰した湯で豚こま肉150gをさっとゆで、水気をきる。

2 1と焼き肉のたれ大2、コチュジャン・ごま油・酢各小1をあえる。

3 水菜適量(ざく切り)の上にのせ、白ごま・刻みねぎ各適量をかける。

水菜以外にも好みの野菜と一緒にどうぞ。

NO. 388 冷しゃぶきゅうり

1〜2人分

1 沸騰した湯で豚こま肉120gをさっとゆで、冷水で冷やして水気をきる。

2 袋に1、きゅうり1本(細切り)、塩少々を入れてもみ込み、10分おく。

3 麺つゆ大1、ごま油小1、顆粒だし小½を加えて混ぜ、白ごま適量をふる。

好みでラー油をたらして食べるのも美味しい。

NO. 389 甘酢豚こま切れマウンテン盛り

1〜2人分

1 豚こま肉200gに鶏ガラの素小1、片栗粉大1をまぶす。

2 フライパンに油小1を熱し、1を軽く炒め、弱火にして醤油・酢各大1、みりん大2、砂糖小2を加えて炒める。

3 白ごま適量を加え、キャベツ適量(せん切り)の上にのせる。

野菜に合うので、キャベツのほかレタスなどに添えても。

やる気TIPS

玉ねぎは繊維に沿って切るとシャキシャキ食感に、繊維を断つと柔らかめに。

PART 07

ひらひら肉は時短の味方・豚こま肉

NO.390

豚こまカリッカリねぎポン炒め

カリッとジューシー!

1〜2人分

1 容器に豚こま肉150g、ポン酢大2、砂糖小2、鶏ガラの素小½、黒こしょう適量を入れて混ぜ、10分ほど漬ける。

2 片栗粉大3をまぶし、油大2を熱したフライパンで炒める。刻みねぎ適量をのせる。

POINT! 豚肉はカリカリになるまでしっかり炒める。

NO.391

うま辛冷しゃぶ

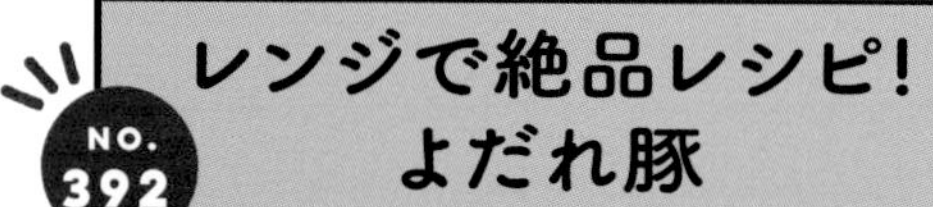

1〜2人分

A 焼き肉のたれ大2、ごま油・豆板醤各小1、おろしにんにく・おろししょうが各小½

1 容器に豚こま肉150g、酒小1を入れて混ぜ、ラップをして3分チン。一度混ぜ、再び3分チンして粗熱を取る。

2 1とAをあえる。

3 レタス3〜5枚(一口大にちぎる)の上にのせ、白ごま・刻みねぎ・刻みのり各適量をかける。

POINT! 肉に酒をふると臭みが取れて柔らかくなる。

NO.392

レンジで絶品レシピ! よだれ豚

コスパ最強!

1〜2人分

A 醤油小2、ごま油・酢・鶏ガラの素各小1、おろしにんにく小½

1 容器に豚こま肉150g、酒小1を入れてあえ、ラップをして3分チン。一度混ぜ、再び1分半チン。

2 白ねぎ10cm(みじん切り)、Aを混ぜ、1にかける。ラー油適量をかける。

POINT! ラー油の量で好きな辛さに調整して。

NO. 393

豚こま肉で簡単ごまだれしゃぶ

1〜2人分

A｜味噌・オリーブ油各小1、マヨ・麺つゆ・すりごま各大1

1 沸騰した湯で豚こま肉200gをさっとゆで、水気をきる。

2 1とAをあえ、レタス適量(一口大にちぎる)の上にのせる。

POINT! レタスと一緒にどうぞ。好みで刻みねぎをかけて。

NO. 394

カリッカリの豚こま舞茸

1〜2人分

1 袋に豚こま肉120g、舞茸80g(適当な大きさにほぐす)、焼き肉のたれ大2、ごま油大1、おろしにんにく小½を入れて混ぜ、30分漬ける。

2 片栗粉大2をまぶし、油大1を熱したフライパンで炒め、白ごま適量をからめる。刻みねぎ適量をのせる。

POINT! 肉に焼き色がついてカリッとするまで炒める。

NO. 395

極うまのしょうが焼き

1〜2人分

A｜醤油大1½、おろししょうが・酒・みりん各小1、砂糖小½

1 豚ロース肉200gに塩こしょう少々をふり、小麦粉大2をまぶす。

2 フライパンに油小1を熱して1を焼き、片面に焼き色がついたら玉ねぎ½個(薄切り)を加えて炒める。

3 弱火にし、Aを加えてからめ、ふたをして火を通す。

POINT! 小麦粉をまぶすとたれがからみやすく、とろみがつく。

やる気TIPS

舞茸を買うときは、傘が肉厚でハリがあり、茎の切り口が白いものを選ぶと◎。

Motivation is 1%

PART 08

魚は刺身で摂ればいい

「肉だけじゃなく魚も食べなきゃ……」と思っても
ハードルの高い魚料理。そんなときに活躍するのがお刺身。
時短になってごちそう感もあふれる39品、お試しあれ！

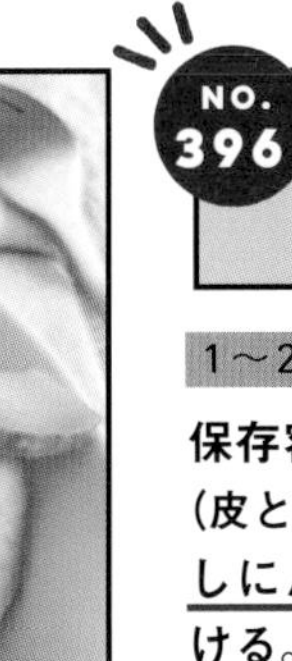

NO.396 サーモンとアボカドのオリーブオイル漬け

1～2人分

保存容器に**刺身用サーモン120g**、**アボカド1個**(皮と種を取って薄切り)、**オリーブ油大2**、**おろしにんにく小1**、**塩小⅓**を入れて混ぜ、一晩漬ける。**黒こしょう適量**をかける。

POINT!
レモン汁をかけると、よりすっきりした味わいに。

NO.397 絶品サーモンマリネ

1～2人分

1 保存容器に**刺身用サーモン100g**、**ポン酢小1**、**オリーブ油大1**、**砂糖小⅓**、**レモン汁小½**を入れてあえ、20分漬ける。

2 **パセリ・黒こしょう各適量**をかける。

POINT!
玉ねぎの薄切りや水菜を一緒にあえても美味しい。

NO.398 無限ヤンニョム風サーモンカルパッチョ

1～2人分

1 **麺つゆ・オリーブ油・コチュジャン各小1**、**おろしにんにく適量**を混ぜる。

2 **刺身用サーモン130g**と**1**をあえ、**白ごま・刻みねぎ各適量**をかける。

POINT!
にんにくの量は好みで調整して。

やる気TIPS
漬けは、刺身が余ったときや安く手に入ったときにおすすめです。

コクがあって
クリーミー！

NO. 399 サーモン クリームチーズマリネ

1〜2人分

1 保存容器に刺身用サーモン130g、クリームチーズ2個(小さく切る)、オリーブ油大1、酢・レモン汁各小1、塩小¼を入れて混ぜ、5分漬ける。

2 黒こしょう・パセリ各適量をかける。

トマトや玉ねぎの薄切りなど野菜を合わせても。

NO. 400 サーモンのねぎポンなめろう

1〜2人分

1 保存容器に刺身用サーモン100g(細かく切る)、白ねぎ¼本(みじん切り)、味噌小2、ポン酢小1、レモン汁小½を入れて混ぜ、20分漬ける。

2 大葉1枚の上に盛り、刻みねぎ・刻みのり各適量をかける。

わさびを少し足すのもおすすめ。

NO. 401 世界一簡単な和風サーモンカルパッチョ

1〜2人分

1 オリーブ油・麺つゆ各小2、レモン汁小1、顆粒だし1つまみを混ぜる。

2 刺身用サーモン100gと1をあえ、黒こしょう・刻みねぎ各適量をかける。

調味料をよく混ぜてからサーモンとあえる。

NO. 402

究極の よだれサーモン

1～2人分

保存容器に刺身用サーモン130ｇ、白ねぎ¼本(みじん切り)、麺つゆ大3、ごま油大1、おろしにんにく・おろししょうが各小½を入れて混ぜ、30分以上漬ける。

マグロなどの他の海鮮系を一緒に漬けてもOK。

NO. 403

至高の 塩サーモンユッケ

1～2人分

1 保存容器に刺身用サーモン130g、ごま油・おろしにんにく各小½、鶏ガラの素小⅓、刻みねぎ大1½を入れて混ぜ、10分漬ける。

2 塩少々、黒こしょう適量で味を調え、卵黄1個分をのせる。

ねぎは白ねぎでも青ねぎでもどちらでも合う。

サーモンユッケ

NO. 404

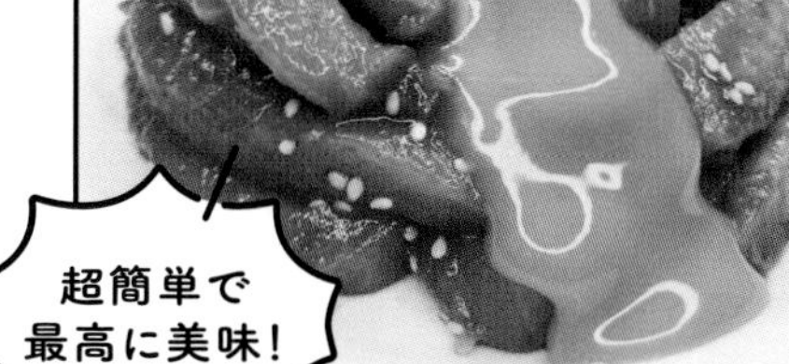

1～2人分

A | 醤油大1、コチュジャン・ごま油・おろしにんにく・おろししょうが各小1、白ごま適量

1 刺身用サーモン200g(細切り)とAを混ぜる。

2 大葉適量の上にのせ、卵黄1個分、刻みねぎ適量をのせる。

卵黄をサーモンにからめながら食べて。

やる気TIPS

魚をたたくときは、包丁を2本使って両手で行うとよりスムーズにできます。

焼き肉のたれが
万能すぎる

NO. 405 究極のサーモンの焼き肉のたれユッケ

1～2人分

1 保存容器に刺身用サーモン150g(細切り)、焼き肉のたれ大2、おろしにんにく・おろししょうが各小½、ごま油小1を入れて混ぜ、30分以上漬ける。

2 白ごま適量を加えてあえ、大葉1枚を添えて卵黄1個分、刻みねぎ適量をのせる。

POINT! 焼き肉のたれの種類は好みのものでOK。

おしゃれな
おつまみ!

NO. 406 サーモンクリームチーズカナッペ

9個分

1 刺身用サーモン120g(9枚)でクリームチーズ2個(小さく切る)を巻き、プレーンクラッカー9枚にのせる。

2 オリーブ油小1、レモン汁小½、塩少々、黒こしょう・パセリ各適量をかける。

POINT! クリームチーズ1個を4～5等分にし、サーモンで巻く。

シンプルだけど
抜群にうまい!

NO. 407 サーモンの粉チーズまみれカルパッチョ

1～2人分

1 オリーブ油大1、塩少々、おろしにんにく小½を混ぜる。

2 刺身用サーモン120gに1をかけ、黒こしょう・粉チーズ・パセリ各適量をかける。

POINT! バジルやレモン汁を加えても美味しい。

ご飯もお酒もいける最強レシピ!

NO.408 マグロユッケ

1〜2人分

A 醤油大1、ごま油・コチュジャン・おろしにんにく・おろししょうが各小1

1 保存容器に刺身用マグロ200g、**A**を入れて混ぜ、10分漬ける。

2 白ごま適量を加えて混ぜ、きゅうり¼本(細切り)の上にのせ、卵黄1個分、刻みねぎ・刻みのり各適量をのせる。

味がしっかりしみ込む!

レンジ

NO.409 漬けマグロの和風カルパッチョ

1〜2人分

1 容器ににんにく2片(みじん切り)を入れ、ラップをして30秒チン。

2 保存容器に刺身用マグロ160g、オリーブ油・醤油各大1、酢・砂糖各小½、1を入れて混ぜ、冷蔵庫で30分冷やす。

3 器に盛り、ベビーチーズ2個(縦に切る)、水菜30g(ざく切り)をのせる。

ご飯がすすみまくる!

NO.410 マグロの和風カルパッチョ

1〜2人分

1 麺つゆ大1、ごま油小1、酢・レモン汁各小½を混ぜる。

2 刺身用マグロ100gを器に並べ、全体に1をかける。刻みねぎ・白ごま各適量をかける。

POINT! マグロを調味料に少し漬けておくのもおすすめ。

やる気TIPS

冷蔵庫内の粉チーズが固まってしまったら、常温に少しおけばサラサラに。

NO. 411 生ハムのねぎとろチーズ巻き

6個分

1 ねぎとろ100gにごま油小1、黒こしょう少々を混ぜ、6等分にする。

2 生ハム6枚(100g)の上に大葉3枚(半分に切る)、クリームチーズ3個(半分に切る)、1を等分にしてのせて巻く。

POINT! 好みで追い黒こしょうで味つけして。

NO. 412 タイのオリーブオイル漬け

1～2人分

1 保存袋に刺身用タイ100g、オリーブ油大2、にんにく½片(みじん切り)、酢小½、塩1つまみを入れてなじませ、一晩漬ける。

2 黒こしょう・パセリ各適量をかける。

POINT! 岩塩もとても合うのでおすすめ。

NO. 413 タイの中華風カルパッチョ

1～2人分

1 刺身用タイ100g、ごま油小1、鶏ガラの素・白だし各小⅓を混ぜる。

2 器に盛り、レモン汁小½、刻みねぎ・黒こしょう各適量をかける。

POINT! タイ全体に味が行き渡るよう調味料をよくあえる。

NO. 414

タイの焼き肉のたれユッケ

1〜2人分

A 焼き肉のたれ大1、ごま油小1、白ごま適量、おろしにんにく・おろししょうが各小½

1 **刺身用タイ120g**(そぎ切り)と**A**を混ぜる。

2 **刺身ねぎ・もみのり各適量**、**卵黄1個分**をのせる。

POINT! 卵黄をくずし、タイとからめながらどうぞ。

NO. 415

タイの塩昆布カルパッチョ

1〜2人分

1 袋に**刺身用タイ120g**(そぎ切り)、**塩昆布大1**を入れてなじませ、30分漬ける。

2 器に盛り、**オリーブ油大1**、**レモン汁小1**、**黒こしょう適量**をかける。

POINT! 袋に入れたら塩昆布が全体になじむよう軽くもみ込む。

NO. 416

タイの白だし和風マリネ

1〜2人分

1 **刺身用タイ100g**、**酢小2**、**白だし・オリーブ油・レモン汁各小1**を混ぜる。

2 **黒こしょう適量**で味を調え、**大葉1枚**を添えて**刻みねぎ適量**をかける。

POINT! わさびを足しても美味しい。

やる気TIPS

白だしがなければ、麺つゆか、だし汁＋薄口醤油＋みりんを合わせて代用して。

NO. 417 無限たこのうま塩ナムル

1～2人分

刺身用ゆでたこ120g(そぎ切り)、**鶏ガラの素・白だし各小½**、**麺つゆ大1**を混ぜる。**刻みねぎ適量**をのせる。

黒こしょうも少しふるといいアクセントに。

NO. 418 たこのわさポンあえ

1～2人分

1 **刺身用ゆでたこ150g**(ぶつ切り)、**ポン酢大1**、**ごま油・わさび・おろししょうが各小½**を混ぜる。

2 **刻みねぎ・白ごま各適量**、**大葉1枚**(細かく刻む)をのせる。

調味料を混ぜてからたことあえるとなじみやすい。

NO. 419 本気のよだれユッケだこ

1～2人分

A 麺つゆ大1½、ごま油・おろしにんにく・おろししょうが各小1、白ごま適量

1 **刺身用ゆでたこ100g**(そぎ切り)、**白ねぎ10cm**(みじん切り)、**A**を混ぜる。

2 **卵黄1個分**をのせ、**ラー油適量**をかける。

調味料は混ぜてにんにくとしょうがを溶かしてから加える。

NO. 420
たこのポン酢和風マリネ

ポン酢の酸味がちょうどいい！

1～2人分

A ポン酢小2、ごま油小1、顆粒だし小⅓、おろしにんにく・おろししょうが各小½

1 保存袋に刺身用ゆでたこ100g(小さく切る)、Aを入れて混ぜ、10分漬ける。

2 白ごま適量をふり、大葉1枚(細かく刻む)をのせる。

POINT! 調味料にわさびを足すのもおすすめ。

NO. 421
悪魔のアボたこユッケ

たこの食感を濃厚に味わう！

1～2人分

A 麺つゆ大1½、ごま油小1、コチュジャン小½、顆粒だし1つまみ、白ごま適量

1 刺身用ゆでたこ100g(一口大に切る)、アボカド1個(皮と種を取って一口大に切る)、Aを混ぜる。

2 もみのり適量、卵黄1個分をのせる。

POINT! たこは大きめの一口大に切ると食べごたえが出る。

NO. 422
たこの和風カルパッチョ

シャキシャキ玉ねぎと一緒に！

1～2人分

1 酢小1程度を入れた水に玉ねぎ½個(薄切り)を10分さらし、水気をきる。

2 ポン酢大2、オリーブ油小1、わさび適量を混ぜる。

3 器に刺身用ゆでたこ100g(一口大に切る)、1を盛り、2をかけて大葉1～2枚(細かく刻む)、刻みのり適量をのせる。

POINT! 玉ねぎは酢水にさらして辛みを抜く。

やる気TIPS
野菜は市販のカット野菜に頼るのも1つの手です。時間も手間も省けます。

NO. 423 たこキムチ

1〜2人分

1 刺身用ゆでたこ100g(そぎ切り)、ごま油小1、豆板醤・おろしにんにく各小½を混ぜる。

2 キムチ80gを加えて混ぜる。

たこに調味料をなじませてから、キムチを加える。

NO. 424 たこの和風マリネ

1〜2人分

1 袋に刺身用ゆでたこ120g(そぎ切り)、オリーブ油大2、レモン汁小1、白だし・おろしにんにく各小½を入れてなじませ、30分以上漬ける。

2 黒こしょう・パセリ各適量をかける。

1日寝かせるのも味がしみておすすめ。

NO. 425 ごまぶり塩昆布

1人分

刺身用ぶり120g(一口大に切る)、塩昆布・すりごま各大1、ごま油・麺つゆ各小1、おろししょうが小½を混ぜて10分漬ける。刻みねぎ適量をのせる。

NO. 426 ぶりのカルパッチョ

1〜2人分

1 **刺身用ぶり100g**と白だし小２をあえ、器に盛る。

2 オリーブ油小１、レモン汁・黒こしょう・**パセリ各適量**をかける。

POINT! お好きな野菜と合わせてどうぞ。

NO. 427 ぶりのごまだれあえ

1〜2人分

A 醤油大１、酒・みりん各小１、砂糖・ごま油各小½

1 容器にAを入れて混ぜ、30秒チンして冷ます。**白ごま小１強**、ラー油２〜３滴を加えて混ぜる。

2 **刺身用ぶり200g**(細切り)と**1**をあえ、**大葉適量**を添えて**刻みねぎ適量**をのせる。

POINT! 軽くチンして酒とみりんのアルコールをとばす。

NO. 428 ぶりのうま塩ごまだれ漬け

1〜2人分

A ごま油小１、鶏ガラの素・麺つゆ・おろしにんにく各小½、塩小¼、白ごま適量

1 袋に**刺身用ぶり200g**、Aを入れて混ぜ、10分漬ける。

2 **大葉適量**を添え、**刻みねぎ適量**をのせる。

POINT! ご飯にのせて食べても。わさびを少し加えるのもおすすめ。

やる気TIPS
ラー油がなければ、ごま油＋鷹の爪（または豆板醤やタバスコ）で代用可。

NO. 429 絶品よだれぶり

1〜2人分

A 麺つゆ小2、ごま油小1、ラー油・おろしにんにく・おろししょうが各小½、鶏ガラの素小⅓、白ごま適量

1 **袋に刺身用ぶり100g、Aを入れて混ぜ、30分漬ける。**

2 **刻みねぎ適量をのせる。**

レモンやかぼすを搾ってかけて食べるのも◎。

ぶりの中華風カルパッチョ

1〜2人分

A 醤油小2、ごま油小1、おろしにんにく・おろししょうが・豆板醤各小½

1 **Aを混ぜる。**

2 **刺身用ぶり130gに1をかけ、白ごま・刻みねぎ各適量、大葉2〜3枚（細かく刻む）をのせる。**

酢を少しだけ足すのもおすすめ。

ごまカンパチ

1〜2人分

A 醤油大2、みりん・酒各大1、砂糖・おろししょうが各小1

1 **保存容器に刺身用カンパチ160g、A、すりごま大1を入れて混ぜ、30分漬ける。**

2 **大葉1枚の上にのせ、刻みのり適量をのせる。**

アルコールが気になる方はAを40秒ほどチンして冷ましてから加える。

NO. 432 カンパチの味噌漬け

1〜2人分

A 味噌大1、白だし小2、みりん小1、砂糖小½、顆粒だし1つまみ

1 容器にAを入れて混ぜ、30秒チンして冷ます。

2 保存容器に刺身用カンパチ160g、1、ごま油小1、白ごま適量を入れて混ぜ、20分漬ける。器に盛り、大葉1〜2枚を添える。

POINT! チンしてみりんのアルコールをとばし、味噌を混ぜ溶かす。

NO. 433 ホタテカルパッチョ

1〜2人分

1 刺身用ホタテ130g、醤油小1、レモン汁小⅓、オリーブ油大1をあえる。

2 刻みねぎ・パセリ各適量をのせる。

POINT! 好みで水菜やかいわれ大根を一緒に盛りつけても。

NO. 434 ホタテのねぎポンカルパッチョ

1〜2人分

1 ポン酢・オリーブ油各小2、おろしにんにく小½、白ごま適量を混ぜる。

2 刺身用ホタテ100gに1をかけ、黒こしょう・刻みねぎ各適量をかける。

POINT! レモン汁小½ほどを足しても美味しい。

やる気TIPS
ずらして並べる、緑食材を中央に置くなどして高さを出すのがカルパッチョのコツ。

Motivation is 1%

PART 09

朝ごはんで ゴキゲンTIME

1日のスタートである朝は、機嫌よく過ごしたいもの。
そのためには朝ごはんに何を食べるかがとっても大事です。
気分を上げるメニュー30品で、ハッピーな朝時間を！

NO. 435

悪魔のガーリックチーズ焼きおにぎり

チーズが香る洋風味！

フライパン

3個分

1 ご飯300gにピザ用チーズ50g、おろしにんにく1片分、塩2つまみ、黒こしょう適量を混ぜ、3等分にしておにぎりをつくる。

2 フライパンにオリーブ油大1を熱し、両面に焼き色がつくまで焼き、パセリ適量をかける。

POINT!

火加減は弱火と中火の間で、ときどき返しながら焼く。

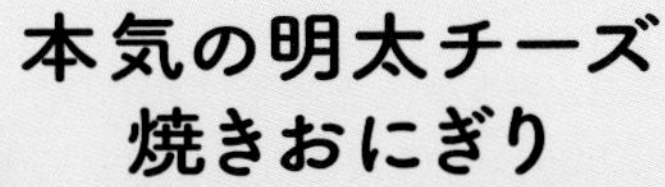

NO. 436

本気の明太チーズ焼きおにぎり

明太子ととろっとチーズがからむ！

フライパン

3個分

1 ご飯300gに明太子50g（ほぐす）、顆粒だし小½を混ぜる。3等分にして中にピザ用チーズ30gを等分にして入れ、おにぎりをつくる。

2 フライパンにごま油小1を熱し、弱火と中火の間で両面こんがり焼く。

POINT!

明太子は縦に切り目を入れて開き、中身をこそげ取る。

NO. 437

焼き肉のたれで最強になってしまった焼きおにぎり

具なしでも驚きの満足感！

フライパン

3個分

1 ご飯300gに焼き肉のたれ大1½、顆粒だし2つまみ、おろしにんにく小½、白ごま小1を混ぜ、3等分にしておにぎりをつくる。

2 フライパンにごま油小1を熱し、両面に焼き色がつくまで焼く。

POINT!

ご飯全体に調味料が行き渡るようによく混ぜる。

やる気TIPS

焼きおにぎりは、焼く間にくずれないようしっかりとにぎっておきましょう。

NO.438 本気のだし味噌チーズ焼きおにぎり

3個分

1 味噌大2、醤油小½、顆粒だし小1、水大1を混ぜ、ご飯300gと混ぜる。3等分にして中にピザ用チーズ適量を等分に入れ、おにぎりをつくる。

2 フライパンにごま油小2を熱し、弱火と中火の間で両面こんがり焼く。

POINT! 水で味噌をしっかり溶かしてからご飯に混ぜる。

NO.439 超絶品！ツナマヨチーズ焼きおにぎり

3個分

1 ご飯300gに油をきったツナ1缶(70g)、ピザ用チーズ30g、マヨ大1、塩小¼、こしょう適量を混ぜ、3等分にしておにぎりをつくる。

2 フライパンに油小1を熱し、弱火と中火の間で両面こんがり焼く。

POINT! ご飯に具材がまんべんなく行き渡るようよく混ぜる。

NO.440 超簡単で極うまの焼きおにぎり

3個分

A 麺つゆ大2、酒・みりん各大1、鶏ガラの素・おろしにんにく・おろししょうが各小1、ラー油適量

1 ご飯300gを3等分にしておにぎりをつくり、ごま油小2を熱したフライパンで表面を軽く焼く。

2 Aを加えてからめ、焦げ目がつくまで焼き、白ごま適量をかける。

POINT! 軽く焼いてご飯の表面を固めてから調味料を加える。

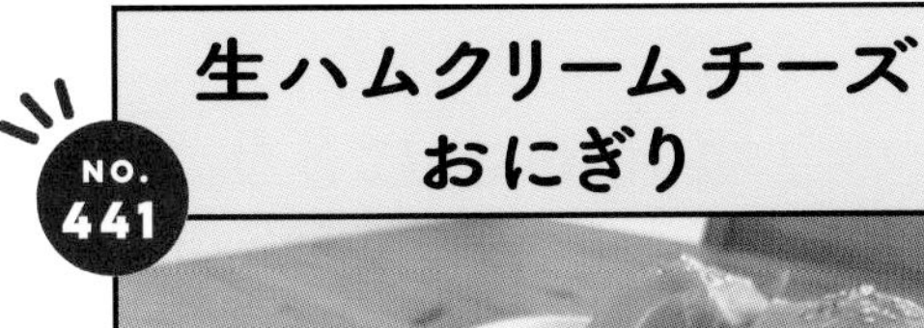

NO. 441 生ハムクリームチーズおにぎり

ごま油とクリームチーズが合う！

3個分

1 ご飯300gに麺つゆ・ごま油各小½を混ぜて3等分にし、クリームチーズ1個(小さく切る)を等分に中に入れ、おにぎりをつくる。

2 生ハム100gでおにぎりを包み、大葉適量を添え、白ごま適量をかける。

POINT! 巻きにくいので生ハムは切り落としではないものがおすすめ。

NO. 442 バタポン天かすおにぎり

天かすの食感がアクセント！

レンジ

3個分

1 容器にポン酢小2、バター10g、砂糖・顆粒だし各小½を入れて混ぜ、20秒チン。

2 ご飯300gに1、天かす10g、黒こしょう少々を混ぜて3等分にし、おにぎりをつくる。

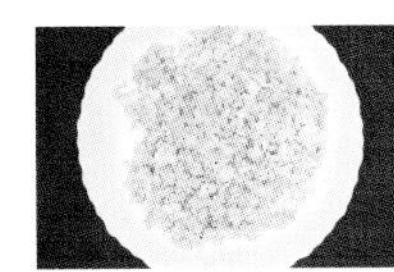

POINT! 調味料をチンしてバターを溶かす。

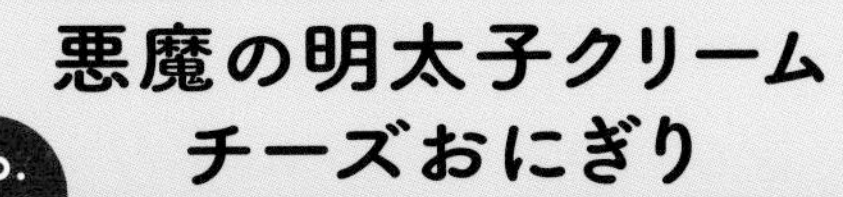

NO. 443 悪魔の明太子クリームチーズおにぎり

ピリ辛クリーミー！

レンジ

4個分

1 容器にご飯300g、バター10g、クリームチーズ2個を入れて混ぜ、1分チン。

2 明太子50g(ほぐす)を加えて混ぜ、4等分にしておにぎりをつくる。好みで黒こしょうをふる。

POINT! ご飯をチンしてバターとクリームチーズを溶かす。

やる気TIPS

おにぎり用のご飯は少しかためがおすすめ。時間がたっても粒感が残ります。

NO. 444 世界一簡単なのり塩昆布おにぎり

3個分

ご飯300gにごま油・青のり各小1、塩昆布大1 ½を混ぜ、3等分にしておにぎりをつくる。

おにぎりにせず、混ぜご飯のまま食べても◎。

NO. 445 明太子と大葉のやみつきおにぎり

3個分

1 ご飯300gに明太子30g（ほぐす）、大葉1枚（細かく刻む）、ごま油・顆粒だし各小½、白ごま適量を混ぜる。

2 3等分にしておにぎりをつくる。

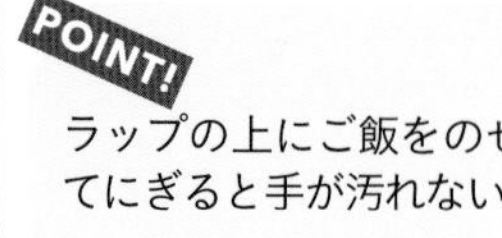

ラップの上にご飯をのせてにぎると手が汚れない。

NO. 446 混ぜ込みツナわかめおにぎり

3個分

1 ツナ1缶（70g）の油をきり、マヨ小1をあえる。

2 乾燥わかめ大1を湯でもどし、水気をきる。

3 ご飯300gに1、2、麺つゆ小1を混ぜ、3等分にしておにぎりをつくる。

ツナマヨをつくってからご飯に混ぜる。

旨みがご飯にしみ込む！

NO. 447
塩昆布とツナの鶏ガラおにぎり

3個分

ご飯300g、油をきったツナ1缶(70g)、塩昆布大1、鶏ガラの素小⅓、こしょう適量を混ぜ、3等分にしておにぎりをつくる。

POINT! のりで巻いたり、混ぜご飯で食べるのもおすすめ。

のりを混ぜ込む！

NO. 448
悪魔のビビンバ風おにぎり

3個分

ご飯300gにキムチ80g、白ごま適量、焼き肉のたれ小1、ごま油・おろしにんにく各小½、もみのり適量を混ぜ、3等分にしておにぎりをつくる。

POINT! ご飯に具材と調味料が行き渡るようよく混ぜて。

お手軽で激うま！

NO. 449
のりキムチおにぎり

3個分

ご飯300gにキムチ80g、もみのり適量、コチュジャン小1、白ごま適量を混ぜ、3等分にしておにぎりをつくる。

POINT! キムチの汁気が多ければきってからご飯に混ぜる。

やる気TIPS

キムチはそのままでも食べられて、料理に使えば味が決まりやすい便利食材。

NO.450 至高のはちみつチーズサンド

1～2人分

1. 食パン2枚(耳を切り落とす)の1枚にはちみつ適量をかけ、ピザ用チーズ20gをのせ、もう1枚で挟む。
2. フライパンにバター20gを溶かし、弱火で**1**を焼く。
3. 両面焼けたら器に盛り、パセリ・粉チーズ各適量をかける。

NO.451 悪魔的にうまいポテサラチーズホットサンド

1～2人分

1. 食パン2枚(耳を切り落とす)の1枚にスライスチーズ2枚、ポテトサラダ120g(市販品)、をのせ、もう1枚で挟む。
2. フライパンにバター10g、オリーブ油小1を熱し、弱火で**1**を焼き色がつくまで両面焼く。好みでパセリをふる。

POINT! チーズ1枚、ポテトサラダ、チーズ1枚の順にのせる。

NO.452 ほうれん草のビスマルク風トースト

1人分

1. ケチャップ大1、顆粒コンソメ小1/2を混ぜ、食パン1枚に塗る。
2. ピザ用チーズ30gをパンの外側にのせ、真ん中に卵1個を割り、ほうれん草適量(ゆでて一口大に切る)を散らす。
3. トースターで5分ほど焼く。黒こしょう・パセリ各適量をかける。

NO.453 チーズとはちみつのフレンチトースト

1～2人分

1 食パン2枚の側面に切り込みを入れ、ピザ用チーズ15gを入れる。

2 卵1個を溶いて牛乳100mℓ、砂糖小1を混ぜ、1を浸す。

3 フライパンにバター20gを溶かし、弱火で2を焼く。両面に焼き色がついたら器に盛り、砂糖・はちみつ各適量をかける。

食パンは三角形になるよう1枚を4等分に切る。

NO.454 塩バターフレンチトースト

1～2人分

1 牛乳120mℓ、卵1個、塩小½、砂糖大1を入れて混ぜ、食パン2枚を浸す。

2 フライパンにバター10gを溶かし、1を両面こんがり焼く。好みで砂糖とパセリをふる。

パンは4つに切ると液に浸しやすい。

NO.455 はちみつピザ風ホットサンド

1～2人分

1 食パン2枚の1枚にスライスチーズ1枚、ハム1枚をのせ、マヨ・ケチャップ各大1、はちみつ適量をかけ、もう1枚で挟む。

2 フライパンを弱火と中火の間で熱し、油小1を入れて1を両面こんがり焼く。

やる気TIPS

トースター加熱のときに焦げが気になる場合は途中でアルミ箔をかぶせると◎。

NO. 456 バターチーズエッグサンド

1～2人分

1. 溶き卵2個分、ピザ用チーズ20g、牛乳大2、マヨ大1を混ぜる。
2. フライパンにバター10gを溶かし、1を入れて外側から内側に2～3回かき混ぜて火を止める。食パン2枚で挟む。

POINT! 好みで黒こしょうやパセリをふりかけてどうぞ！

NO. 457 カルパッチョサンドイッチ

1人分

1. 生ハム30gとオリーブ油小½をあえる。
2. 食パン2枚の1枚にレタス1枚、1をのせ、マヨ・黒こしょう各適量をかけ、もう1枚で挟む。

ちゃちゃっと
挟むだけ！

NO. 458 ツナマヨチーズサンド

1人分

食パン2枚の1枚にレタス1～2枚、スライスチーズ1枚、油をきったツナ1缶(70g)をのせ、マヨ大1をかけ、もう1枚で挟む。

NO. 459 バターねぎパン

1人分

食パン1枚の片面にマヨ大2を塗って砂糖小⅓と塩少々をまぶす。バター10gをのせて、トースターで3分焼き、刻みねぎ適量をのせる。

POINT! 食パンの片面に砂糖と塩をまぶす。

NO. 460 お好みエッグパン

1人分

1 食パン1枚の片面にお好みソース大1½とケチャップ大1を塗る。

2 食パンにくぼみをつくり、卵1個を割る。

3 ピザ用チーズ30gを散らし、マヨ適量をかける。

4 トースターで3分焼き、かつお節適量をかける。

POINT! 食パンの真ん中を押してつくったくぼみに卵を割り入れる。

NO. 461 豆乳バターカステラ

1～2人分

1 ホットケーキミックス150g、豆乳(無調整)150mℓ、卵2個、砂糖大8をよく混ぜる。

2 炊飯釜にオリーブ油適量を塗って1を入れ、バター30gを加えて通常炊飯。

やる気TIPS

食パンは冷凍保存可。ラップで包んで保存袋に入れればにおい移りも防げます。

しょっぱい系ホットケーキ!

NO.462 ベーコンチーズホットケーキ

1人分

1 器にホットケーキミックス150g、水50mℓ、マヨ大1を混ぜ、生地をこねて平たくする。

2 1にベーコン50g(細かく切る)、ピザ用チーズ50gをのせてトースターで6分こんがり焼く。

生地は1cm程度の厚さにするとよい。

ホットケーキミックスピザ生地

NO.463 コーンピザ

1〜2人分

1 ホットケーキミックス70g、水小4を混ぜてこねる。

2 1を1cm厚さに平たくしてマヨ・ケチャップ各小2を塗り、ピザ用チーズ30g、玉ねぎ¼個(薄切り)、ピーマン1個(輪切り)、ベーコン20g(細かく切る)、コーン(水煮)10gを上にのせる。

3 トースターで6分こんがり焼く。

家にある材料でパンを焼く!

NO.464 ベーコンとコーンのマヨパン

1〜2人分

1 ホットケーキミックス200g、水50mℓ、マヨ大2、卵1個を混ぜてこね、3等分にして丸める。

2 1にコーン(水煮)40gとベーコン50g(細かく切る)をのせ、トースターで6分焼く。

Motivation is 1%

PART 10

白ご飯さえあれば乗り切れる

節約中や忙しいとき、立派なメインおかずがなくても
白いご飯がすすめば問題なし！ たくさんつくっておけば
重宝する、ご飯のお供36品をご紹介します。

NO. 465 超絶品！やみつき甘辛煮卵

ピリ辛にして
おかず感アップ！

2〜3人分

A 麺つゆ・水各100mℓ、ごま油・おろしにんにく・おろししょうが各小1、コチュジャン小2

1. **沸騰した湯で卵5個を6分半ゆで、冷水で冷やして殻をむく。**
2. **保存袋に1、Aを入れてなじませ、一晩漬ける。刻みねぎ適量をのせる。**

POINT! 好みでラー油や鷹の爪などを入れて辛さを調節しても。

NO. 466 究極のねぎだれ煮卵

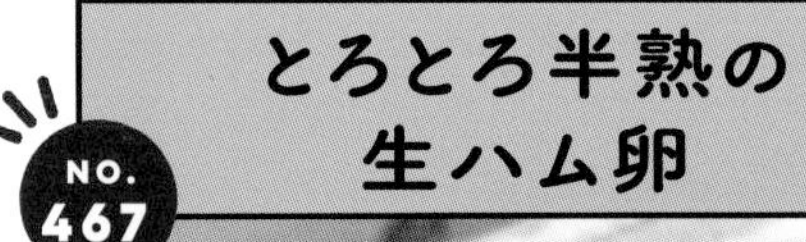

試行錯誤の末、
誕生した逸品！

2〜3人分

A ポン酢・水各大3、ごま油大1、砂糖・顆粒だし各小1

1. **沸騰した湯で卵5個を6分半ゆで、冷水で冷やして殻をむく。**
2. **保存袋に1、白ねぎ¼本(みじん切り)、Aを入れてなじませ、一晩漬ける。**

POINT! 余ったねぎだれはご飯にかけても美味しい。

NO. 467 とろとろ半熟の生ハム卵

生ハムと卵の
相性が抜群！

2〜3人分

1. **沸騰した湯で卵5個を6分半ゆで、冷水で冷やして殻をむく。**
2. **1に生ハム80gを巻き、黒こしょう・パセリ各適量をかける。**

POINT! 巻いたあとにオリーブ油をかけると最高のおつまみに。

NO. 468 至高の醤油味玉

2〜3人分

A 醤油大3、ごま油大1、鶏ガラの素小2、顆粒だし・おろしにんにく各小1

1. 沸騰した湯で**卵5個**を6分半ゆで、冷水で冷やして殻をむく。
2. 保存袋に1、**A**を入れてなじませ、一晩漬ける。**刻みねぎ・刻みのり各適量**をのせる。

保存袋に入れたら調味料を全体に行き渡らせる。

NO. 469 超美味！やみつき味玉

2〜3人分

1. 沸騰した湯で**卵5個**を6分半ゆで、冷水で冷やして殻をむく。
2. 保存袋に1、**水100mℓ**、**白だし大2**、**顆粒だし・おろしにんにく各小½**を入れてなじませ、一晩漬ける。**刻みねぎ適量**を添え、**黒こしょう少々**をかける。

麺などのトッピングに使っても。

NO. 470 簡単絶品レシピ！鶏ガラだし味玉

1〜2人分

1. 沸騰した湯で**卵4個**を強火で7分ゆで、冷水で冷やして殻をむく。
2. 保存袋に1、**白だし大1**、**鶏ガラの素・砂糖各小1**、**水大4**を入れてなじませ、一晩漬ける。**刻みねぎ適量**をかける。

ゆで卵のゆで加減は好みで調整して。

やる気TIPS

味玉はトッピングはもちろん、そのままお弁当やおつまみの一品にもなります。

NO. 471 悪魔のやみつき卵ナムル

1～2人分

1 沸騰した湯で卵3個を7分ゆで、冷水で冷やして殻をむき、4等分に切る。

2 鶏ガラの素小1、ごま油大1、白ごま適量を混ぜ、1にかける。刻みねぎ・ラー油各適量をかける。

POINT! お弁当に入れるときは、卵は完全に火を通して。

NO. 472 しらす塩昆布

1～2人分

しらす30g、塩昆布大1、ごま油小1、おろしにんにく小½、白ごま適量をよく混ぜる。

POINT! ご飯に混ぜ込んでも美味しい。

NO. 473 しらすユッケ

1～2人分

1 しらす50g、焼き肉のたれ小2、おろしにんにく・おろししょうが各小½、ごま油小1を混ぜる。

2 刻みねぎ適量を散らし、卵黄1個分をのせる。

POINT! ねぎはたっぷりかける。

NO. 474 ねぎポンじゃこ

1～2人分

1 ちりめんじゃこ30g、ポン酢小1、おろしにんにく・おろししょうが各適量を混ぜる。

2 刻みねぎ適量を散らす。

POINT!
最後にすりごま適量をかけるのもおすすめ！

NO. 475 大葉とバターの混ぜ込み明太ご飯

1人分

1 ご飯1膳、明太子50g(ほぐす)、大葉3枚(細かく刻む)、顆粒だし・麺つゆ各小½を混ぜる。

2 器に盛り、バター10gをのせる。

POINT!
好みで刻みのりや白ごまをプラス。卵かけご飯にしても美味しい。

プチプチ感が
くせになる!

NO. 476 たらこオリーブオイル

1人分

たらこ50g(ほぐす)、マヨ・オリーブ油各大1を混ぜる。

やる気TIPS
塩昆布は旨みたっぷりで塩味も加えられる便利食材。常備しておくと○。

NO. 477 白ねぎたらこ

意外にも
相性抜群！

1人分

白ねぎ10㎝(みじん切り)、レモン汁少々、ごま油小1、たらこ30g(ほぐす)、顆粒だし小½を混ぜる。

NO. 478 納豆キムチ

1〜2人分

納豆1パックに酢・ごま油各少々を混ぜ、キムチ30gをのせて刻みねぎ適量を添える。

NO. 479 納豆チーズ

1〜2人分

1 納豆2パック、付属のたれ、オリーブ油少々を混ぜる。

2 ピザ用チーズ(好みの量)をかけ、トースターで1～2分焼き、パセリ適量をふる。

チーズが溶けるまでトースターで焼く。

普通の食べ方に飽きたらこれ!

NO. 480 納豆おかかマヨ

1～2人分

納豆1パックと付属のたれを混ぜる。ご飯1膳にかけ、かつお節適量をのせてマヨ大1をかけ、黒こしょう適量をふる。

フライパン

粉チーズでいただく!

NO. 481 照り焼きチーズフレーク

1人分

1 ごま油小1を熱したフライパンで鮭1切れを焼き色がつくまで焼く。

2 弱火にし、醤油小2、みりん小1、顆粒だし小½、白ごま適量を加えてあえる。

3 鮭をほぐしてご飯1膳にかけ、粉チーズ適量をふる。

フライパン

焼いてあえるだけ!

NO. 482 鮭のバタマヨチーズ

1人分

1 フライパンにバター10gを溶かし、鮭1切れを焼く。

2 火が通ったらマヨ小1、黒こしょう少々を加えてあえる。

3 鮭をほぐし、粉チーズ適量をふる。

やる気TIPS

納豆特有のにおいも、キムチやチーズ、マヨなど濃厚味の食材を使えばやわらぎます。

NO. 483 大葉鮭ご飯

1人分

1 油小1を熱したフライパンで鮭1切れを焼き色がつくまで焼く。

2 弱火にして白だし小½、顆粒だし小⅓を加えてあえ、鮭をほぐす。

3 ご飯1膳に2と大葉適量(刻む)をのせる。

POINT! 最後に白ごまをふってもよし。

NO. 484 絶品牛そぼろ

1人分

1 ごま油小1を熱したフライパンで牛ひき肉120gを炒める。

2 玉ねぎ¼個(みじん切り)、にんにく1片(みじん切り)を加えて炒める。

3 火が通ったら焼き肉のたれ大1、鶏ガラの素小⅓を加えてさらに炒める。

4 ご飯1膳に3と卵黄1個分をのせ、白ごま適量をふる。

NO. 485 チーズ牛そぼろ

1人分

A | 顆粒コンソメ・おろししょうが・おろしにんにく各小1、塩・黒こしょう各適量

1 オリーブ油小1を熱したフライパンで牛ひき肉150gを炒める。

2 火が通ったら玉ねぎ¼個(みじん切り)、Aを加えて炒める。

3 火を止めてピザ用チーズ50gを加え、ふたをして余熱で1分温める。好みでパセリをふる。

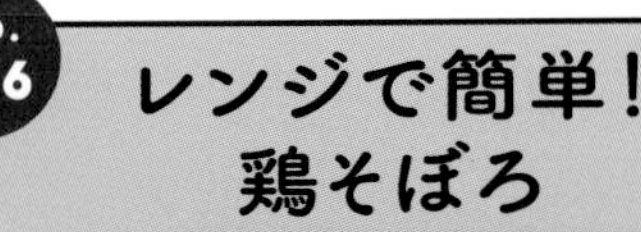

NO. 486 レンジで簡単！鶏そぼろ

1人分

A 醤油大1、酒・味噌・ごま油・砂糖各小1、おろししょうが小½

1 容器に鶏ひき肉150gとAを入れて混ぜ、ラップをして3分チン。

2 一度取り出してよく混ぜ、ラップをして再度3分チン。

POINT! 最後に卵黄を追加するのもおすすめ。

NO. 487 のりバター佃煮

1～2人分

A バター20g、醤油・みりん各小1、砂糖・顆粒だし各小½

1 水50mlを火にかけ、沸騰したら焼きのり5枚（3cm角に切る）をくたくたになるまでゆでる。

2 Aを加えて弱火で煮る。

POINT! のりがどろどろするまでしっかり煮つめる。

NO. 488 ごまのり炒め

1～2人分

1 ごま油小1を熱したフライパンで焼きのり3枚（食べやすい大きさに切る）を焼く。

2 鶏ガラの素小½、塩少々をふる。

3 器に盛り、ラー油小½をかけ、白ごま適量をふる。

やる気TIPS
大葉は茎を少し切って水とともに保存容器に入れて冷蔵保存すれば長持ちします。

NO. 489 のりスープ

1人分

1 水200mℓを火にかけ、沸騰したら焼きのり5枚をゆでる。

2 弱火にして鶏ガラの素小1、白だし・おろししょうが各小½を加えて混ぜる。

3 刻みねぎ・白ごま各適量をふる。

NO. 490 よだれ ちりめんじゃこ

1〜2人分

1 白ねぎ¼本(みじん切り)、鶏ガラの素・おろししょうが各小½、塩少々を混ぜる。

2 ちりめんじゃこ30gに1、ラー油・黒こしょう各適量をかける。

NO. 491 中華風 ちりめんじゃこ

1〜2人分

1 ちりめんじゃこ30g、麺つゆ小1、酢小⅓を混ぜる。

2 白ごま適量をふり、ラー油適量を回しかけ、刻みねぎ適量を添える。

大葉を添えても合います！

NO.492
ねぎごま ちりめんじゃこ

1〜2人分

1 ちりめんじゃこ30g、刻みねぎ適量、麺つゆ大1、すりごま・ごま油各小1、おろししょうが小½を混ぜる。

2 ラー油適量を回しかける。

NO.493
焼き肉のたれねぎ

1〜2人分

1 ごま油小2を熱したフライパンで白ねぎ⅓本(みじん切り)を炒める。

2 焼き肉のたれ大1、おろしにんにく・おろししょうが各小½を加えてあえる。

ご飯にのせて、白ごまをふりかけるとさらにうまい。

NO.494
天かす味噌ねぎ

1〜2人分

1 フライパンに油を入れずに白ねぎ⅓本(みじん切り)を炒める。

2 味噌・みりん・ごま油各小1、天かす適量を加えてあえる。

やる気TIPS

ちりめんじゃこは小分けにしてラップに包んで冷凍保存しておくとラク。

シンプル材料で
白飯泥棒

NO. 495 塩わさびねぎ

1～2人分

白ねぎ1/4本(みじん切り)、鶏ガラの素・おろししょうが・わさび各小1/2、塩少々を混ぜる。

旨みまみれの
ふりかけ！

NO. 496 おかか塩昆布ふりかけ

1～2人分

かつお節１袋、塩昆布10g、ごま油・麺つゆ各小1/2、白ごま適量を混ぜ合わせる。

POINT!
混ぜご飯にしたり、おにぎりに入れても美味しい。

フライパン

市販の
おつまみをご飯に

NO. 497 コンビニのさきいかでラー油ふりかけ

1～2人分

1 熱したフライパンでさきいか15g(みじん切り)を温める程度に炒める。

2 麺つゆ・ラー油各小１をからめ、白ごま適量をふる。

NO. 498 大葉のふりかけ

1人分

大葉3枚(細かく刻む)、**焼きのり2枚**(細かく刻む)、**鶏ガラの素小⅓**、**塩少々**、**白ごま適量**を混ぜる。

大葉やのりは手でちぎってもOK。

レンジ

NO. 499 天かす青のりふりかけ

1～2人分

1 **天かす30g**(砕く)、**青のり小½**、**ポン酢小1**を容器に入れて混ぜ、ラップをして30秒チン。

2 **七味唐辛子適量**をふる。

おにぎりにも
おすすめ！

NO. 500 のりおかかふりかけ

1人分

焼きのり適量(細かく刻む)、**すりごま・麺つゆ各小1**、**かつお節1袋**を混ぜる。

やる気TIPS

さきいかには旨みがぎっしり。実はあらゆる料理に使えます。

ハマごはん

「スーパーの食材が絶品ごはんに早変わり」
する料理をSNSに投稿する料理家。
ひとり分から作りやすい、主食や副菜まで網羅
したレシピが幅広い層に支持されている。

Twitter&Instagram&TikTok
@hamagohan_r

YouTube
ハマごはん【お手軽レシピ】

ひとり分 やる気1%ごはん
美味しいおかずがちゃちゃっと作れる
しあわせレシピ500

2023年3月 8 日　初版発行
2024年8月10日　11版発行

著者　ハマごはん
発行者／山下 直久
発行／株式会社KADOKAWA
〒102-8177　東京都千代田区富士見 2 -13- 3
電話0570-002-301(ナビダイヤル)
印刷所／TOPPANクロレ株式会社

●お問い合わせ
https://www.kadokawa.co.jp/ (「お問い合わせ」へお進みください)
※内容によっては、お答えできない場合があります。
※サポートは日本国内のみとさせていただきます。
※Japanese text only

定価はカバーに表示してあります。

ISBN978- 4 -04-681818- 8　C0077